CENSURA POR TODA PARTE

ANDRÉ MARSIGLIA

CENSURA POR TODA PARTE

OS BASTIDORES JURÍDICOS DO INQUÉRITO DAS FAKE NEWS E A NOVA ONDA REPRESSORA QUE ASSOLA O BRASIL

AVIS RARA

COPYRIGHT © FARO EDITORIAL, 2024.

Todos os direitos reservados.

Avis Rara é um selo da Faro Editorial.

Nenhuma parte deste livro pode ser reproduzida sob quaisquer meios existentes sem autorização por escrito do editor.

Diretor editorial **PEDRO ALMEIDA**
Coordenação editorial **CARLA SACRATO**
Assistente editorial **LETÍCIA CANEVER**
Preparação **PEDRO HENRIQUE ALVES E TUCA FARIA**
Revisão **BÁRBARA PARENTE**
Imagem de capa **FARO EDITORIAL**

Dados Internacionais de Catalogação na Publicação (CIP)
Jéssica de Oliveira Molinari CRB-8/9852

Marsiglia, André
    Censura por toda parte : os bastidores jurídicos do inquérito das Fake News e a nova onda repressora que assola o Brasil / André Marsiglia. — São Paulo : Faro Editorial, 2024.
    128 p. : il.

    Bibliografia
    ISBN 978-65-5957-574-9

    1. Fake News 2. Censura 3. Ciências sociais I. Título II. Margarido, Alfredo

24-1560   CDD 302.23

Índice para catálogo sistemático:

1. Fake News

1ª edição brasileira: 2024
Direitos de edição em língua portuguesa, para o Brasil, adquiridos por FARO EDITORIAL.

Avenida Andrômeda, 885 — Sala 310
Alphaville — Barueri — SP — Brasil
CEP: 06473-000
www.faroeditorial.com.br

> *(...) o que se guarda, e se esconde, é a primeira coisa que se assalta; a liberdade do porto é o que o conserva livre da invasão.*
>
> MATIAS AIRES

*À Tina, Gal e Cecília, por estarem perto e fazerem bem sem perceber.
À Luciana Arroyo, porque a percebo comigo.
Aos meus pais.
Ao Oliveira, sempre*

PREFÁCIO

Gustavo Maultasch

A DEFESA DA LIBERDADE DE EXPRESSÃO é uma das principais batalhas da nossa época. Quando se está imerso, é difícil de perceber, mas hoje vivemos numa daquelas eras extraordinárias da história. Uma era em que uma nova tecnologia de comunicação (redes sociais) é inventada e, assim como ocorreu com a invenção da prensa no século XV, provoca pânico e histeria entre as autoridades encasteladas no antigo regime. Como alguém do povo ousa criticar a autoridade? De onde vem essa audácia em "atacar" o regime? Fogo nas prensas!

E assim, de Gutenberg a Zuckerberg, a história se repete; e mais uma vez as pessoas em situação de realeza pensam-se superiores e recorrem à censura, e muitos cidadãos silenciam-se com medo; porém mais uma vez também muitos levantam-se e juntam-se à luta pela Liberdade de Expressão; e mais uma vez, e esperamos que em breve, restará provado que o lado que apela à censura foi, é, e sempre será o lado errado da história.

O livro que o leitor tem em mãos é um artefato dessa batalha histórica. André Marsiglia é um dos heróis da Liberdade de Expressão que consegue atuar em múltiplas frentes — não apenas como intelectual público, influenciando e esclarecendo as nuances do tema, mas também como advogado das principais causas judiciais do Brasil envolvendo a

Liberdade de Expressão. Ele foi inclusive o primeiro advogado a atuar no chamado Inquérito das *Fake News*, do Supremo Tribunal Federal, e assim temos aqui a oportunidade de ouvir a experiência singular de um dos protagonistas originais dessa luta. Este livro é leitura fundamental para entendermos não apenas a Liberdade de Expressão, mas também o que vem ocorrendo com as nossas instituições democráticas.

Marsiglia faz um relato emocionante sobre a batalha pela Liberdade de Expressão na prática; apresenta as idas e vindas dos processos, a relação que mantinha com a imprensa, e toda a perplexidade dos envolvidos em se encontrarem diante da censura, um monstro que pensávamos definitivamente derrotado desde a redemocratização dos anos 1980.

Até alguns anos atrás, a maioria de nós jamais poderia imaginar que viveríamos o que estamos vivenciando. Jamais poderíamos imaginar que um país promissor, democrático e com instituições razoavelmente estáveis pudesse, de uma hora para outra, testemunhar o retorno da censura e o desmonte do devido processo legal. Acreditávamos que o cala-boca havia morrido, e que o Brasil caminhava para um cenário de cada vez mais liberdade. Nenhum de nós planejava ter de defender, no século XXI, o mais básico direito humano à Liberdade de Expressão.

A Liberdade de Expressão não é um mero capricho, um mero atributo frívolo de classes mais interessadas no debate intelectual que na realidade prática da vida diária. A Liberdade de Expressão é fundamental para o nosso próprio desenvolvimento pessoal: se aquilo que eu penso é parte do que eu sou, eu preciso pensar, falar, errar, debater, corrigir e ser corrigido, porque às vezes é apenas no debate que a gente aprende o quão certas ou erradas são as nossas ideias. Como ela permite que nós conheçamos e aprimoremos a nós mesmos, a Liberdade de Expressão tem uma razão moral existencial, sendo um direito natural inafastável de todo e qualquer indivíduo.

A Liberdade de Expressão também é um instrumento fundamental para a vida nas democracias, porque é por meio dela que nós lutamos e advogamos por todos os outros direitos; é por meio dela que nós apontamos os riscos de arbítrio e assim evitamos a tirania. Como garantir que as instituições não se corromperão, a não ser por meio da transparência e da crítica? Como garantir que as autoridades não trairão os seus mandatos, senão por meio da vigilância e da cobrança constantes?

É evidente que algumas coisas ditas no debate público podem-nos ofender, machucar, indignar; mas esse é o preço que pagamos para manter a nossa Liberdade de Expressão. Se concedermos poder ao Estado para determinar o que pode ou não pode ser dito, ele usará esse poder para se proteger de críticas, e passará a censurar qualquer demanda legítima como se fosse "ataque", "desinformação", "*fake news*", "discurso de ódio", "desordem informacional" ou qualquer outro pretexto da moda que sirva ao seu ímpeto censório.

Por sorte, ainda temos intelectuais e advogados como André Marsiglia, e ainda temos livros como este, revelando a normalização da censura e a kafkianização do devido processo legal. Que com ele possamos aprender, diagnosticar o problema e trabalhar para a revitalização da nossa Liberdade de Expressão.

Gustavo Maultasch, autor de *Contra Toda Censura*

INTRODUÇÃO

FUI O PRIMEIRO ADVOGADO a atuar no Inquérito das *Fake News*. Este livro nasce como uma resposta a todos que me perguntam sobre o funcionamento das engrenagens internas dos inquéritos do Supremo Tribunal Federal e sobre os bastidores de minha atuação jurídica em um dos casos mais emblemáticos de censura de nossa história recente, quando em abril de 2019 o Supremo proíbe a revista *Crusoé* de circular, após publicação da matéria de capa "O Amigo do Amigo de Meu Pai" envolvendo o ministro Dias Toffoli, praticamente inaugurando o Inquérito 4.781.

A obra tem como espinha dorsal o caso da censura à *Crusoé*. Escrita como uma espécie de diário, é a história principal. A partir daí, passarei a outras anteriores e posteriores a ela, na defesa de jornalistas como Ricardo Boechat, Diogo Mainardi, Mario Sabino, Diego Escosteguy, Claudio Dantas e entidades como a ONG Repórteres Sem Fronteiras, trazendo elementos práticos e teóricos que ajudarão o leitor a compreender como o Judiciário e nossa classe política (des)tratam as liberdades neste país.

Há quase vinte anos advogando contra a censura, é chegada a hora de dividir estas histórias com o leitor.

Após ter ouvido conselhos e pedidos de muita gente — que acompanha minha atuação profissional —, trarei detalhes descritivos para que o leitor se sinta presente nas cenas vivenciadas.

Aqui o leitor será tratado com a intimidade com que o trato em meus artigos e colunas na imprensa, para que se sinta em casa, numa tarde de sábado, numa conversa particular.

I

EVIDENTE QUE A CENSURA É um instrumento utilizado por mãos que detêm — ou querem deter — o poder. Em governos totalitários, quase sempre esse poder se concentra nas mãos do Executivo, sendo ele a exercer o ato de censura — por vezes personificado na figura de um ditador, por outras na de um presidente eternizado na função. Não importa, o que caracteriza o totalitarismo desses Estados é a capacidade de centralização do poder, inclusive de censura, exclusivamente nas mãos dessa figura, denominada sob muitos títulos.

É sempre a esse modelo que as pessoas, ao pensar em censura, se referem. Por essa razão, muitas vezes, não é difícil que alguém diga: "Censura? Mas ela acabou no Brasil!" ou "Censura existe apenas em alguns países árabes ou em certas ditaduras da América Latina". Esse raciocínio é uma visão equivocada sobre o que é esse mal.

Acontece que na contemporaneidade não ocorre censura apenas quando o poder está concentrado *exclusivamente* nas mãos de um governante. Nas democracias modernas, o poder se concentra nas mãos de diversos agentes públicos e governantes, e isso não afasta a possibilidade da existência da censura — ao contrário, isso a multiplica. Tantas são as mãos em que o poder se concentra quantas são as possibilidades de que a partir delas surja o ato censório. Em outras palavras, se nos regimes totalitários o poder está centralizado *exclusivamente* nas mãos da figura que personifica o poder Executivo, sendo ela a promover a censura, nos regimes democráticos modernos, como o poder não está centralizado apenas no Executivo, a censura acontece a partir de muito mais mãos.

Posso afirmar categoricamente que a censura no Brasil nunca acabou, jamais deixou de existir. Ela permanece e é tão ou mais cruel que as demais a que assistimos pela janela da história.

A censura não acaba, apenas se modifica, alterna de mãos. Um dos maiores erros conceituais a respeito da censura é acreditar que sua existência não se compatibiliza com as democracias modernas e que, se ela existe, não há democracia; ou então, se há democracia, ela não pode existir. Este erro impõe uma visão limitadora e paradoxal: ou escolhemos ignorar a censura, se nos julgamos em uma democracia, ou escolhemos ignorar a democracia, se nos julgamos sob censura.

Compatibilizar censura e democracia, e enxergar censura fora do eixo do Poder Executivo, torna possível uma compreensão melhor do tema. Políticos de direita afirmam que, no Brasil atual, estamos em uma ditadura, por aqui haver censura. Políticos de esquerda negam a existência da censura, para não reconhecerem a possibilidade de fracasso da democracia. Ambos estão errados. Existem a democracia e a censura, elas são compatíveis. Trata-se de um erro que até mesmo a imprensa comete, e por isso muitas vezes se nega a utilizar a terminologia "censura", por acreditar que, ao fazê-lo, assumirá um discurso antidemocrático.

Um exemplo explícito de como, em plena democracia, existem atos de censura é a utilização abusiva que todo governante brasileiro faz da Advocacia-Geral da União (AGU). O órgão, que é de Estado, não de governo, já serviu durante o governo Bolsonaro para processar judicialmente desafetos do presidente da República, chegando ao cúmulo de, em um pedido de direito de resposta encaminhado à revista jornalística *IstoÉ*, que em uma de suas capas o comparava a Hitler, sugerir que a capa fosse substituída por outra mais idílica, na qual o presidente apareceria cercado de crianças e árvores, algo que beirava o cômico.*

Por outro lado, no primeiro mês do governo Lula, em 2023, a mesma AGU, desta vez aparelhada com a ideologia oposta, passou a servir ao governo — não ao Estado, mais uma vez — ao buscar constituir uma promotoria que processasse todos aqueles que desinformassem a respeito de políticas do governo. O problema é que seria o próprio governo a avaliar se houvera ou não a desinformação sobre ele mesmo, de modo que fica evidente a intenção de tornar a AGU um instrumento de perseguição a adversários.**

Esses são típicos exemplos de como a censura pode coexistir com o vigente regime democrático no Brasil. Em casos como esses, o ato de censura do Poder Executivo dialoga com o Poder Judiciário, um tocando a bola para o outro. Daí ser quase natural que, além da censura promovida pelo Poder Executivo, a mais conhecida forma de se censurar no Brasil em períodos democráticos seja através do Judiciário. Espécie de censura que tratarei muito mais neste livro, em razão de minha atuação como advogado.

O filósofo e jurista norte-americano Ronald Dworkin (1931-2013) afirmava que os espaços abertos com que as constituições modernas e democráticas foram e são concebidas permitem ao intérprete — portanto, sobretudo aos

---

* Notícia disponível em: https://www.poder360.com.br/governo/agu-pede-nova-capa-a-istoe-apos-revista-comparar-bolsonaro-a-hitler/. Acesso em: 22 de agosto de 2023.
** Notícia disponível em: https://www.jota.info/justica/governo-cria-procuradoria-de-defesa-da-democracia-para-atuar-contra-desinformacao-04012023. Acesso em: 22 de agosto de 2023.

juízes — a concentração de poder na modernidade.* Carl Schmitt (1888-1985), filósofo, jurista e teórico político alemão, afirmava que a soberania do Estado está centrada na decisão. Ou seja, o que é ou não constitucional passa às mãos do intérprete dotado de poder concentrado, e assim também a censura passa a ser representada pelas decisões judiciais dos magistrados.**

A censura judicial pode passar despercebida, pois, em geral, não parte sempre da mesma pessoa, o que a impede de ser personificada e de se prender a uma estrutura hierarquizada, a um comando organizado, ou a um projeto de poder de determinado líder.

No entanto, no Brasil, tudo isso mudou a partir do momento em que as decisões monocráticas de um único juiz da mais alta Corte do Brasil, em inquéritos sigilosos, praticamente passaram a controlar todas as questões relacionadas ao debate público nacional.***

---

* DWORKIN, Ronald. *A Justiça de Toga*. São Paulo: Martins Fontes, pp.10-19.
** O que implica, na leitura de Dworkin, que, para não haver interpretações arbitrárias ou censórias, as decisões devem obrigatoriamente ser tomadas sob uma leitura moral amparada em certos critérios de harmonia horizontal, ou seja, de harmonia entre decisões sobre assuntos parelhos, impondo coerência a outras decisões semelhantes, e de harmonia vertical, ou seja, de harmonia no sentido de se respeitarem decisões de Cortes Superiores que afetem o tema sob exame. Dworkin não fazia essas ressalvas por um critério de violência à autonomia do juiz, mas para que as harmonizações vertical e horizontal permitissem uma leitura moral da Constituição. Não havendo o risco da crítica de se as decisões seriam arbitrárias ou censórias, a liberdade de decisão do juiz seria bem maior e bem menos sujeita a questionamentos da opinião pública. Embora interessante o ponto de Dworkin, no Brasil, sabemos bem que a jurisprudência das Cortes Superiores é desrespeitada pelos juízes de outras instâncias e que a harmonia vertical também é pouco levada em consideração.
*** Refiro-me aos inquéritos sigilosos do Supremo Tribunal Federal, inaugurados em 2019 com o Inquérito 4.781, conhecido como Inquérito das *Fake News*, sob relatoria do ministro Alexandre de Moraes. Adiante me deterei com mais vagar sobre esses inquéritos e sobre o ministro.

II

9 DE MARÇO DE 2019

O procurador Diogo Castor, à época pertencente à força-tarefa da Lava-Jato, publica artigo no site *O Antagonista* denunciando manobra do STF para transferir investigações de corrupção da Lava-Jato para a Justiça Eleitoral, que, na ocasião, era vista como mais branda com acusados e, segundo o procurador, não condenava ou mandava ninguém para a prisão.

13 DE MARÇO DE 2019

O procurador sofre uma dura reprimenda do presidente da Corte, o ministro Dias Toffoli, que o acusa de ter dito que o Supremo preparava um golpe contra a operação. Diogo Castor, a pedido dele, deixa a força-tarefa, e o ministro instaura o fatídico Inquérito das *Fake News*. No meio do julgamento do dia 13, em que os ministros decidiram por seis votos a cinco enviar casos da Lava-Jato para a Justiça Eleitoral, o ministro Toffoli pede a palavra e diz:

> Anuncio uma representação ao Conselho Nacional do Ministério Público e à Corregedoria do Ministério Público Federal em razão dos ataques desse procurador à Justiça

Eleitoral. Não é admissível esse tipo de ilação. Críticas, no debate jurídico, a respeito do posicionamento técnico-jurídico, isto é necessário e faz parte da dialética, por isso que os tribunais são feitos de forma colegiada. Agora, a injúria, a difamação e a calúnia não serão admitidas.

Em seguida, Toffoli menciona a abertura do inquérito para investigar ameaças e *fake news* contra a atuação do Supremo e seus ministros. O responsável designado pelos próprios pares seria o ministro Alexandre de Moraes, ex-procurador do Ministério Público do Estado de São Paulo.

O leitor atento perceberá que Toffoli expõe em seu discurso o funcionamento dos anos seguintes do Supremo: críticas serão entendidas como ameaças ou ataques à justiça e aos ministros; *fake news* serão compreendidas como instrumento dos ataques, e a Corte será protagonista de toda e qualquer reação institucional.

Neste cenário, está claro que a liberdade de expressão e a imunidade parlamentar se tornarão relativizadas ao máximo; está claro também que as redes sociais se tornarão inimigas do STF. Para a Corte, é sedutor obter o controle do discurso de políticos, agentes públicos e jornalistas, mas, sobretudo, é essencial controlar o megafone de todos esses agentes: as redes sociais.

Mas por quê? Note o leitor que a questão central é que as redes sociais passaram a influenciar decisivamente o resultado das eleições no país mais do que qualquer outra mídia tradicional, mais do que é capaz qualquer aliança entre caciques políticos.

O atual vice-presidente da república, Geraldo Alckmin, na campanha para a presidência da República de 2018, praticamente monopolizava o horário gratuito de tevê com as alianças políticas que seu partido fizera. No entanto, obteve apenas cerca de 5% dos votos, ficando em quarto lugar e se tornando o responsável pelo pior desempenho da história de seu partido, o PSDB.* Jair Bolsonaro, na ocasião, ganhou as eleições praticamente apenas com a força das redes sociais.

É óbvio que o impacto das redes nas eleições não é um fenômeno apenas brasileiro, mas o desejo da classe política de se eternizar no poder sem a influência de novos personagens surgidos das redes é. No Brasil, a política sempre foi feita de beija-mão e coronelismos. Há Estados em que o político local e sua família mandam na região inteira. A votação se direciona em massa ao candidato em que o coronel mandar, em troca de favores ao povo. Se algum político quer ganhar a eleição, precisa desse apoio. Onde há miséria, há esse jogo. E no Brasil o que não falta é miséria.

Certa vez, estive em viagem a uma capital do Nordeste. Não sou fã de praias; para mim, são todas iguais. Gosto delas apenas enquanto paisagens. Então, naturalmente, no segundo dia de viagem, já aborrecido de tanta praia, contratei um taxista muito simpático da região que foi me mostrar os bairros históricos. Em um dado momento, vi dois prédios gigantescos que destoavam de todos os demais e perguntei: "O que são?". O taxista, com um sorriso de canto, respondeu: "Ah, ali são as maiores tevês e rádios daqui, pertencem ao Fulano." O nome era de um político ainda hoje muito influente no país. "E o outro prédio ao lado?" "Ali é o Tribunal Regional Eleitoral." E deu outro daqueles sorrisos. Não entendi. Ele completou: "O prédio também é do Fulano, mas é alugado." O Fulano

---

• https://www.poder360.com.br/eleicoes/alckmin-e-o-pior-tucano-da-historia-a-disputar-a-presidencia/

aluga para o TRE. Ou seja, em um prédio, a maior tevê e rádio; no outro, o TRE. No centro, o político e coronel local.

Agora, pergunto ao leitor: você acha que as redes sociais iriam chegar alterando o resultado das eleições, elegendo políticos e passando por cima do poder dessas pessoas, e ficaria tudo bem? Claro que não. Isso, decerto, assustou muito a classe política, assustou muito instituições criticadas por Bolsonaro, como o STF, e estreitou o diálogo entre STF e classe política, tornando o controle das redes sociais uma agenda comum e urgente.

É justamente nesse contexto que logo após o final das eleições de 2018, no início do ano seguinte, surge o tal Inquérito 4.781. O Inquérito das *Fake News* chega mirando um site que, à época, possuía audiência incrível, *O Antagonista*, e uma revista totalmente digital, a *Crusoé*, irmã do site de sucesso. Nas redações, um timaço. De sócios, os renomados Mario Sabino e Diogo Mainardi, responsáveis pelas publicações de *O Antagonista*, Claudio Dantas, e pela da *Crusoé*, Rodrigo Rangel. As reportagens dos sites eram críticas e investigativas, fiscalizadoras ferrenhas dos poderes da República e de seus membros, algo que ninguém fazia mais após a fase áurea da revista *Veja* dos anos 1990 e 2000.

Claro está que o STF ficaria de olho em novas publicações do site *O Antagonista* e de sua revista irmã, a *Crusoé*. Nenhum espanto, portanto, que o primeiro ato de censura tenha vindo com a publicação da capa: "O Amigo do Amigo de Meu Pai", onde realmente começa a história principal deste livro.

SEMANA SANTA
15 DE ABRIL DE 2019 — SEGUNDA-FEIRA

11h32

Era esse o horário quando Mario Sabino, jornalista e *publisher* de O Antagonista e da revista *Crusoé*, me telefonou. Na época, eu me dava ao luxo de ir ao escritório apenas depois do almoço, e naquele dia estava em casa lendo O Justo, de Paul Ricoeur, concentrado na leitura, desconcentrado do mundo. Não ouvi a ligação.

Às 11h33, mais uma vez tocou o telefone. Enfim percebo o toque, vejo que é Sabino, olho o WhatsApp — uma mensagem: "Caro, precisamos de você." Atendo. A *Crusoé* possuía duas redações, uma em São Paulo, outra em Brasília. Uma oficial de justiça havia entregado na redação da *Crusoé* de São Paulo uma ordem para que a capa da semana, publicada na quinta-feira, saísse do ar.

Naquele momento, eu não fazia ideia de que me tornaria o primeiro advogado a atuar nos inquéritos sigilosos do Supremo Tribunal Federal. Tudo começou com o Inquérito 4.781, que veio a se chamar Inquérito das *Fake News*, também conhecido como "inquérito do fim do mundo".

O Inquérito 4.781 aos poucos foi se transformando em um polvo gigante e indigesto, com tentáculos infinitos. Investigava *fake news* contra membros da Corte, depois passou a investigar possíveis milícias digitais, ou seja, pessoas que supostamente financiavam a propagação em massa de *fake news*, e por fim foi ampliado para alcançar atos antidemocráticos. Atualmente, além do 4.781, são mais oito inquéritos: 4.874, 4.879, 4.917, 4.918, 4.919, 4.921, 4.922, 4.923.

Todos são sigilosos e de relatoria do ministro Alexandre de Moraes. Isso porque, sob a justificativa de que ministros da Corte, o próprio Tribunal e as instituições estariam sob ameaça de ataques cometidos por postagens nas redes sociais, os ministros permitiram a si próprios fazerem uma interpretação rocambolesca do artigo 43 do Regimento Interno do STF, e passaram aos poucos a tomar toda e qualquer controvérsia, ou crítica mais contundente, como ameaça. O artigo 43 do Regimento Interno autoriza, de fato, o presidente do Tribunal a instaurar inquérito e, de forma excepcional, confere-lhe poderes investigativos em caso de infração à lei penal na sede ou nas dependências do STF. Obviamente, no entanto, está se referindo o artigo 43 a crimes ocorridos dentro do local físico do Tribunal.*

A interpretação dos ministros foi a de que toda e qualquer ameaça ou crime digital se dava no local em que a vítima acessasse seu dispositivo. Por óbvio, os ministros acessavam seus celulares na sede do STF, sendo possível, assim, o inquérito excepcional tratar de toda e qualquer

---

* O artigo 43 do Regimento Interno do STF autoriza ao presidente do Tribunal instaurar inquérito e, de forma excepcional, confere-lhe poderes investigativos, em caso de infração à lei penal na sede ou nas dependências do Tribunal.

palavra proferida nas redes sociais contra ministros, tribunais ou instituições.

Em pouco tempo, tais inquéritos passaram a ser um veículo de poder desmedido para gerenciar e moderar o debate nacional e a opinião pública. Como os inquéritos se dedicavam a proteger os próprios ministros, eles passaram a ser as vítimas, os investigadores e os julgadores do objeto investigado, que, com o tempo, passou a ser toda e qualquer coisa, sem critério, sem bom senso algum.

Sem dúvida, é controversa a atuação do STF a partir dos referidos inquéritos, e mais adiante, também a do Tribunal Superior Eleitoral (TSE), que, sobretudo desde 2021, com a formação de uma jurisprudência agressiva, tornou a cassação de eleitos e a inelegibilidade de candidatos uma regra no lugar de exceção, retirando do pleito eleitoral políticos que se excedem em discursos, ou que questionam ministros da Corte ou instrumentos de nosso processo eleitoral, como as urnas eletrônicas.

Basta notar que o artigo 22 da LC 64/90 (Lei da Inelegibilidade), usado no julgamento da ação que tornou inelegível o ex-presidente Jair Bolsonaro em 2023 por meio da Ação de Investigação Judicial Eleitoral (AIJE 11527), é o mesmo que cassou o então deputado Francischini em 2021,[*] quando a atuação agressiva do TSE se iniciou, em paralelo ao Inquérito 4.781. O referido artigo 22, que trata do uso abusivo dos meios de comunicação, sempre foi usado para punir alianças explícitas entre candidatos e veículos de imprensa, casos como o que mencionei de o político local ser dono da

---

[*] https://www.tse.jus.br/comunicacao/noticias/2021/Outubro/plenario-cassa-deputado-francischini-por-propagar-desinformacao-contra-o-sistema-eletronico-de-votacao#:~:text=A%20decisão%20ocorreu%20na%20manhã,1990%20(Lei%20de%20Inelegibilidade)

tevê, do rádio e ainda alugar o prédio ao TRE, algo que pelo Brasil afora é comum.

No caso de Francischini, e posteriormente de Bolsonaro, não se puniu com a inelegibilidade e cassação a existência de uma aliança com a mídia, mas o impacto potencial do uso de *fake news* no convencimento do eleitorado. Desde 2021, o referido artigo vem sendo utilizado para formar precedentes de que discursos desinformativos ou interpretados como "ataques às instituições" merecem a punição máxima.

Francischini foi cassado em 2021 e Bolsonaro tornado inelegível em 2023 praticamente pelas mesmas razões: por afirmarem haver fraude nas eleições ou questionarem a segurança das urnas eletrônicas. Uma curiosidade sobre a imprecisão das decisões do TSE: o relatório que motiva a ação contra Bolsonaro informou que os vídeos com os discursos ilícitos do político tiveram 589 mil e 587 mil visualizações no Facebook e no Instagram, respectivamente. Como podem ter sido relevantes para o resultado de eleições que tiveram, segundo o próprio TSE, mais de 156 milhões de eleitores aptos a votar?

Trata-se, por óbvio, de uma jurisprudência de ocasião, carregada de subjetividade, que serve para que o TSE interfira no pleito eleitoral. A condenação à inelegibilidade precisa sempre ser tratada como uma exceção; afinal, nas eleições, o voto do povo — e não o dos ministros — deve ser o protagonista.

As decisões do Supremo, historicamente ligadas à defesa da liberdade de expressão, passaram a ser seu maior obstáculo. A Corte abandonou a função de proteger as liberdades constitucionais para as regular, de acordo com os interesses da classe política e de acordo com seu humor de momento. Humor que, neste caso, como se refere ao dos próprios ministros, não tem limite.

O rosto que simboliza este período da Corte é o do ministro Alexandre de Moraes, designado pelos próprios colegas ministros o relator de todos esses inquéritos e protagonista da maior parte das decisões controversas do TSE.* Mas o Tribunal age em consenso. Foram raras as decisões em que Moraes não foi aplaudido em uníssono pelos colegas. Talvez uma das únicas tenha sido justamente o caso da revista *Crusoé*. Ainda assim, depois de muita luta.

---

* https://www.jota.info/stf/do-supremo/alexandre-de-moraes-proferiu-mais-de-6-mil-decisoes-sobre-o-8-de-janeiro-08012024/amp

IV

ALGUMAS AUTORIDADES, naquela manhã de 15 de abril de 2019, começaram a se manifestar na imprensa. A primeira acredito ter sido o então vice-presidente Hamilton Mourão. Em entrevista para *O Antagonista* ele classificou de "censura" o ato de Moraes contra a revista *Crusoé* e criticou a manifestação da AGU favorável ao inquérito recém-aberto. Diga-se, o advogado-geral da União, à época, era o atualmente ministro do STF André Mendonça.

Pedi a Sabino que me mandasse a ordem de censura e recebi uma cópia com a primeira folha da decisão. No cabeçalho estava escrito: "Inquérito 4.781 Distrito Federal."

Não era a primeira vez que eu ouvia falar dele. Em março daquele mesmo ano, 2019, um jornalista que sabia de meu trabalho em defesa da liberdade de expressão e de imprensa me disse: "Fica esperto, esse inquérito é para pegar blogueiros e jornalistas." Como falei no início, o inquérito serviria ao controle das redes sociais.

Na decisão que Sabino me enviara, havia um excerto curioso, que explicitava que o ministro Dias Toffoli havia pedido por mensagem de WhatsApp a seu colega, Alexandre de Moraes, relator do Inquérito 4.781, que censurasse a revista *Crusoé*:

Exmo. Sr. Ministro Alexandre de Moraes.
Permita-me o uso desse meio para uma formalização, haja vista estar fora do Brasil. Diante de mentiras e ataques e da nota ora divulgada pela PGR que encaminho abaixo, requeiro a V. Exa., autorizando transformar em termo esta mensagem, a devida apuração das mentiras recém-divulgadas por pessoas e sites ignóbeis que querem atingir as instituições brasileiras.

Dias Toffoli estava em viagem e encaminhou um "zap" a Moraes pedindo a mordaça. As alegadas mentiras eram a capa da edição da revista *Crusoé*, intitulada "O Amigo do Amigo de Meu Pai", que se baseava em e-mail de 2007, em que Marcelo Odebrecht perguntava se um de seus funcionários havia fechado com "o amigo do amigo de meu pai". O tal amigo seria Toffoli. À época, diga-se de passagem, ainda não nomeado ministro do Supremo, mas advogado-geral da União. A nota a que Toffoli se referia era uma comunicação de que o mencionado documento não era do conhecimento da PGR.

Alguns dias depois, constatou-se que o documento existia e era verdadeiro, mas isso não impediu que Toffoli chamasse de mentirosa a matéria e ignóbil a revista que a produziu. E também não impediu que Moraes decidisse se tratar de uma *fake news*, censurando a revista, ordenando que saísse do ar e não fosse mais reproduzida, sob pena de multa de R$ 100 mil por dia.

15 DE ABRIL DE 2019

11h38

"Eu preciso ver o dispositivo da decisão. O final dela. Me manda?", pedi à redação da revista.
Mandaram. A decisão era assustadora:

> DETERMINO que o site *O Antagonista* e a revista *Crusoé* retirem, imediatamente, dos respectivos ambientes virtuais a matéria intitulada "O Amigo do Amigo de Meu Pai" e todas as postagens subsequentes que tratem sobre o assunto, sob pena de multa diária de R$ 100.000,00 (cem mil reais), cujo prazo será contado a partir da intimação dos responsáveis. A polícia federal deverá intimar os responsáveis pelo site *O Antagonista* e pela revista *Crusoé* para que prestem depoimentos no prazo de 72 horas.

Ou seja, além de mandar retirar do ar sob ameaça de multa, intimava os responsáveis pela revista a prestar esclarecimentos na polícia federal.

12h03

Falei novamente com Sabino e também passei a falar com Rodrigo Rangel, editor responsável pela revista em Brasília. A matéria já estava fora do ar, foi combinado então colocar uma tarja na capa da edição: "REPORTAGEM CENSURADA JUDICIALMENTE." Conversamos também que seria elaborada uma nova matéria explicando a censura ao leitor.

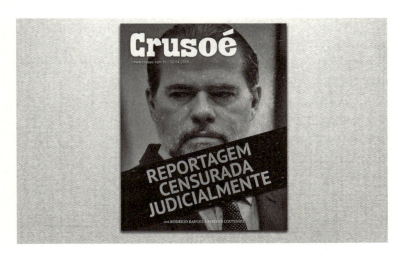

Sabino me liga novamente e diz que souberam que um policial federal estava a caminho da redação em São Paulo e outro em Brasília. Cogitei na hora ter sido determinada uma busca e apreensão à redação. Era o caos.

Mandei um advogado de nosso escritório em Brasília para a redação, e orientei aos jornalistas que ninguém recebesse a polícia antes de o advogado chegar. Em São Paulo, chamei um táxi e fui para a redação da revista aguardar o policial. No caminho, me avisaram que já havia chegado. Era uma funcionária do próprio STF que levava uma nova ordem para ser entregue. A revista estava multada em R$ 100 mil por descumprimento da decisão. Mais tarde, a redação de Brasília receberia o mesmo documento.

Era bizarra a situação. Na primeira ordem nem sequer havia prazo para cumprimento, e ainda assim havia sido atendida de pronto. Não existia razão para multa. Na redação, me questionaram ao telefone se uma nova matéria noticiando a censura não poderia ter sido entendida como um descumprimento.

"Jamais!", afirmei. "Mas a decisão fala em proibição de postagens subsequentes", me disseram, "subsequentes com o mesmo teor, trazendo os mesmos fatos censurados. Mas não fizemos isso, não se pode impedir um veículo de noticiar a existência de uma decisão contra ele".

Lembro que desliguei a ligação dizendo: "Seria uma nova censura sobreposta à censura anterior, uma completa loucura."

VI

MAL SABIA EU QUE ALGUNS ANOS depois o site *O Antagonista* viveria exatamente essa situação. Perto das eleições de 2022, o site publicou matéria com um áudio em que se ouvia Marcola demonstrar preferência pela eleição de Lula. No entanto, a manchete apontava que Marcola teria declarado voto no petista. Como presos com condenação transitada em julgado não votam, o Tribunal Eleitoral considerou que a notícia inteira era falsa e mandou que fosse retirada do ar, incluindo os áudios.

Pois bem, a decisão de impedir a divulgação dos fatos, inclusive os inequivocamente verdadeiros de serem expostos, é nitidamente censura. Claudio Dantas, responsável pela publicação, entrou em contato comigo — na época, Mario Sabino e Diogo Mainardi já não eram mais jornalistas e sócios dos sites — e me perguntou se poderia ser publicada uma nota a respeito da decisão censória, e com tranquilidade respondi que sim. Para minha surpresa, a nota recebeu um pedido da coligação petista Brasil da Esperança, cujo advogado era o atual ministro do STF, Cristiano Zanin, para que fosse retirada do ar.

Por incrível que pareça, o pedido foi deferido pelo TSE. Embora o caso estivesse nas mãos da ministra Cármen Lúcia, o pedido e seu deferimento ocorreram durante o plantão, no dia 2 de outubro de 2022, um domingo, e saiu das mãos do ministro Alexandre de Moraes, nos seguintes termos:

> Trata-se de petição formulada pela Coligação Brasil da Esperança, na qual informa o descumprimento da decisão

ID 158174677, diante de novas publicações acerca de alegado envolvimento de líder criminoso com o candidato Luís Inácio Lula da Silva.

(...)

Ante o exposto, DETERMINO: (...)

c) [que] os mesmos Representados se ABSTENHAM de promover novas manifestações sobre os fatos tratados na presente Representação em desfavor do candidato Luís Inácio Lula da Silva, em qualquer meio de comunicação, incluindo nas redes sociais, sob pena de multa individual e diária agora no valor de R$ 30.000,00 (trinta mil reais), por reiteração ou manutenção da conduta.

Pois bem, como os fatos que resultaram na primeira decisão não foram trazidos na matéria posterior, o que a segunda decisão entendia por reiteração era, sem dúvida, narrar a existência de um processo contra o site e de uma decisão que o atingia. Ou seja, não se podia, segundo Moraes, contar que *O Antagonista* estava sob censura.

A decisão deixa isso evidente ao dizer que os representados devem se abster de manifestações novas sobre os "fatos tratados" na Representação. Ou seja, o objeto da nova censura não seria a divulgação de que o líder criminoso tinha preferências políticas, mas a existência de um processo contra o veículo, a existência da censura˙.

O site *O Bastidor*, em excelente matéria de Brenno Grilo sobre a ocorrência, destacou a manchete: "A Censura da Censura."٭٭

٭ O jornalista norte-americano Michael Shellenberger divulgou em 2024 documentos sigilosos dos inquéritos brasileiros em um caso que ficou conhecido como "Twitter Files Brasil". Posteriormente, novos documentos foram revelados pelo Congresso norte-americano, após intimação para que Elon Musk, dono da plataforma X, ex--Twitter, entregasse documentos da Corte brasileira recebidos pela plataforma. As dezenas de decisões revelaram que as ordens para providências imediatas, sob pena de multas altíssimas, como ocorrido no caso da censura à Crusoé, e a ordem para que censuras impostas não fossem reveladas, como ocorrido no caso d'O Antagonista, eram o padrão do ministro Moraes, o *modus operandi* da Corte, desde 2019.

٭٭ https://obastidor.com.br/justica/a-censura-da-censura-4282

VII

CURIOSAMENTE, eu me tornaria mais adiante o advogado do site *O Bastidor*, cujo *publisher* é o renomado jornalista Diego Escosteguy, em um caso bastante emblemático e que não tinha relação com os inquéritos do STF. Talvez o primeiro caso de censura cibernética do Brasil.

Em meio a uma série de reportagens investigativas, os aparelhos de celular dos jornalistas do site simplesmente foram todos hackeados e ficaram instáveis por dias, inviabilizando a comunicação entre eles e deles com seu leitor. Eu mesmo não conseguia marcar reuniões com Diego.

Passamos a nos falar por números de celular e e-mails alternativos, temendo que pudessem ser também hackeados. Algo grande realizado de fora do país. Cogitamos ajuizar uma ação contra as *big techs*, exigindo que garantissem a estabilidade; afinal, a imprensa é considerada um serviço essencial ao país. A ação, sabíamos, não teria efetividade, seria mais para darmos visibilidade ao caso. Acabamos não ajuizando a ação, pois os celulares foram retornando à normalidade aos poucos, lentamente, à medida que as reportagens também foram saindo da boca das pessoas, esquecidas pelo debate público.

A censura é um ato cirúrgico, pontual. Faz seu estrago no momento. Quando já passados dias ou meses, pode ser revogada pelo Judiciário, pode dela se abrir mão quem a promoveu, pois já terá surtido seu efeito desejado. Por isso, suspender postagens e perfis de redes sociais, ou excluir do ar matérias jornalísticas, precisa ser uma exceção. Não é possível recuperar o interesse público de uma manifestação após o tempo passar. A revogação apenas posterior da censura faz valer a pena o ato do censor.

No entanto, pode acontecer — e é muito comum ocorrer — de o juiz disparar o gatilho da censura até mesmo por ignorância no tema, por não perceber que está agindo de forma censória, por não ter repertório suficiente para conhecer as alternativas a sua disposição no momento decisório.

Não é o caso dos famigerados inquéritos sigilosos do STF, mas, nas demais instâncias, muitos juízes simplesmente estão acostumados a dar corda no relógio de uma cultura autoritária. Tenho um exemplo pessoal intrigante sobre isso.

Certa vez, um veículo de imprensa me contratou para reverter uma decisão que havia determinado liminarmente que uma reportagem muito importante fosse excluída em vinte e quatro horas de seu site. O prazo já estava em curso, não haveria tempo para que o recurso cabível fosse interposto e apreciado; além disso, a multa por descumprimento da ordem era muito alta.

O caso corria em São Paulo. Pedi audiência com a juíza que proferira a decisão no fórum João Mendes e, já em seu gabinete, após explicar as razões de meu cliente, ouvi a seguinte pergunta: "Doutor, qual é o problema de se excluir uma reportagem?".

Ela não estava se dando conta de que seu questionamento compreendia a censura como regra de nosso ordenamento, não como exceção. Reformulei a pergunta que ela me fizera e devolvi: "Doutora, qual é o problema de permanecer no ar?".

A juíza não me disse nada. Mas percebeu que estava tomando a exceção por regra, e a regra constitucional da liberdade de expressão por exceção. Ela revogou sua decisão anterior, sem sequer necessitarmos de recurso. A juíza, por estar desprovida de recursos teóricos adequados, deixava-se levar pela intuição de uma cultura autoritária na qual boa parte de nossa população está imersa: "Na dúvida, exclui. Na dúvida, prende. Na dúvida, culpado."*

---

* Recomendo a leitura de meu artigo "A República Ambígua", na obra digital *200 Novos Gritos — a História do Futuro* (disponível em: https://digital.maven.com.br/pub/imprensa/#page/1), que faz um paralelo interessante entre a existência, no Brasil, de uma cultura judicial autoritária e a necessidade histórica de nossas elites, entre elas, sobretudo a estatal, manterem a desigualdade social e econômica no país. Uma das teses do artigo é que o exercício autoritário de poder é uma das formas de manutenção da desigualdade econômica no país.

VIII

EM 2022 E 2023, quem não era cego ou tolo já conseguia enxergar com nitidez o momento do país, o quão delicado era para o exercício da liberdade de expressão. Os tribunais superiores já não tinham pudores. O TSE, em 2022, chegou ao cúmulo de censurar o lançamento de um documentário do *Brasil Paralelo* sob o famoso voto da ministra Cármen Lúcia que praticamente pode ser parafraseado da seguinte forma: "Está errado, é censura, mas só desta vez." Para quem tinha sido responsável pela declaração "o cala-boca já morreu", foi um passo atrás e tanto.[*]

De qualquer forma, nas primeiras horas daquela manhã de 15 de abril de 2019, ainda não era nítido o movimento político e em bloco que estava sendo orquestrado no país. Eu não percebia o tsunâmi que viria nos próximos anos, mas tinha total consciência de que estávamos todos às voltas com uma decisão política e censória. E, nestes casos, é preciso sempre manter um olho no peixe e outro no gato. Ou seja, não íamos conseguir revogar a decisão apenas com argumentos jurídicos. Precisávamos fazer barulho.

Portanto, denunciar a censura sofrida com a elaboração de uma nova matéria não foi uma escolha apenas editorial,

---

[*] https://revistaoeste.com/politica/plenario-do-tse-mantem-censura-a-veiculos-de-informacao/

mas também uma estratégia jurídica. Tínhamos de constranger o STF a nos devolver a liberdade de expressão tomada na força bruta.

Durante aquela tarde, os jornais tradicionais começaram a se posicionar sem meias-palavras, afirmando com todas as letras se tratar de censura. A imprensa estava solidária à *Crusoé*. A imprensa se unir seria decisivo para o caso.

IX

TAMBÉM NOS VALEMOS desse fato e passamos a dar entrevistas para a imprensa, evitando apenas debates ou programas de entretenimento. Uma forma de manter a sobriedade a respeito do tema. O interesse da imprensa não se destinava apenas a mim, como responsável pela defesa jurídica, mas também aos jornalistas da *Crusoé*, especialmente a seu *publisher*, Mario Sabino. Recordo-me de que inicialmente minha recomendação era de que ele não falasse. Sabino me questionou: "Mas só você pode falar?". Meu receio era que algo saísse do lugar, que algo com repercussão jurídica fosse dito. Eu buscava manter a todo custo algum tipo de controle em torno do caos da censura. É absolutamente alucinante atuar em um caso que tudo acontece ao mesmo tempo, te sugando, triturando. É difícil manter a racionalidade e a estratégia jurídica traçada com tantas variáveis. E, claro, cometi alguns exageros e excessos.

Lembro-me de que em meu escritório, numa mesa redonda improvisada, à direita da bancada principal na qual trabalhavam os advogados de minha equipe nos recursos que preparávamos para o caso, dois assessores de imprensa que eu contratara passavam o dia todo atendendo jornalistas e me recomendando "fala com esse", "não fala com aquele", e assim por diante.

Em um dado momento, meu escritório e a redação da *Crusoé* deram duas notas oficiais e diferentes a um mesmo jornal. Sabino me ligou: "Caro, vou te dar um conselho, não de jornalista, mas de quem já foi assessor: fale com o cliente antes de soltar uma nota."

Nunca me esqueci disso. De fato, quando seu cliente é alguém desconhecido, a nota oficial é sua, é da defesa técnica; afinal, o caso é jurídico. Mas quando seus clientes são conhecidos, você precisa entender que sua nota não vai bastar, que a imprensa buscará o cliente diretamente, não tem como evitar. Nessa circunstância, o advogado precisa estar alinhado com o cliente até mesmo para se manifestar ou emitir notas.

No caso *Crusoé*, os clientes não eram apenas notórios, mas também jornalistas absurdamente experientes. Certamente mais aptos a lidar com eventuais perguntas capciosas de seus pares da imprensa do que até mesmo eu.

Quando a censura foi revogada, eu soube primeiro por uma nota da imprensa, e só depois pelos autos. Àquela altura, muitos jornalistas já procuravam meus assessores para que eu desse alguma declaração. Eufórico, atendi uma ligação direta em meu celular e entrei de supetão em uma entrevista ao vivo. Perguntaram-me como eu me sentia com a revogação da censura, e eu, aliviado, respondi: "Feliz."

Disse também muitas outras coisas na entrevista, mas um corte foi publicado na internet com algo como: "Advogado se sente feliz com revogação da censura." Era verdade, mas era também a coisa mais estúpida a ser dita à imprensa naquele momento. Sobretudo porque, embora a censura houvesse sido derrubada, o caso seguia de pé, a revista e seus jornalistas permaneciam no inquérito.

Até hoje não revi a entrevista, que, pessoas próximas já me disseram, foi ótima, apesar de minha implicância.

NAQUELA TARDE, no escritório, enquanto a assessoria atendia telefonemas de um lado, do outro, minha equipe de advogados preparava sob minha coordenação os recursos que seguiriam para protocolo no início da manhã do dia seguinte. Um dos pontos que questionávamos era justamente a multa imposta à revista, multa essa que, sabe-se lá qual a razão, foi imposta naqueles moldes.

Nossa estratégia jurídica para as peças era ajuizar uma Reclamação constitucional contra a decisão do ministro Moraes que, por ser censória, feria a autoridade do próprio STF na ADPF 130, que entendeu ser a censura incompatível com a Constituição de 1988.* A outra peça era um *habeas corpus* (HC) para trancamento e arquivamento do Inquérito das *Fake*

---

* Em abril de 2009, em um dos julgamentos mais importantes da Suprema Corte brasileira — um verdadeiro marco na história do controle de constitucionalidade no Brasil —, decidiu-se, por maioria de votos, que a Lei nº. 5.250/67 (a Lei de Imprensa) não foi recepcionada pela nova ordem constitucional; afinal, ela tinha sido concebida sob influxos autoritários da ditadura militar, tendo sido promulgada ainda no início do regime pelo marechal Humberto de Alencar Castello Branco, um dos líderes do golpe militar que derrubou o presidente João Goulart. O julgamento ocorreu a partir do ajuizamento de uma Arguição de Descumprimento de Preceito Fundamental (ADPF 130), de autoria do Partido Democrático Trabalhista, representado pelo então deputado federal Miro Teixeira. Na petição inicial, argumentou-se que a lei "havia sido imposta à sociedade pela ditadura militar e, por isso, continha dispositivos incompatíveis com o Estado Democrático de Direito inaugurado pela CF/88, como a pena de prisão para jornalistas condenados por calúnia, injúria e difamação". MOREIRA, Rômulo de Andrade. "ADPF 130: 12 anos do Fim da Lei de

News em relação à empresa publicadora da revista *Crusoé* e a seu *publisher,* investigados pelo inquérito. Além disso, ancorados na Súmula Vinculante 14 do STF, que obrigava às autoridades competentes darem acesso a qualquer inquérito a advogados e partes, pedíamos também acesso aos autos do Inquérito 4.781.*

Tudo era novo. Acreditávamos que nos seria facultado o acesso. No entanto, até o momento da escrita deste livro, não o tivemos.

No meio da tarde, o partido Rede Sustentabilidade, antes de nós, queimando a largada, ajuizou uma ADPF requerendo concessão de tutela cautelar incidental para suspender os efeitos da decisão censória e questionando a multa. Não gostei. O pedido não dialogava com minha estratégia, e eu acreditava que a medida não era adequada, pois não pedíamos apenas a revogação da censura, mas também o trancamento do inquérito em relação à revista e seus responsáveis. Se o pedido do partido fosse acolhido, esvaziaria o nosso e não resolveria, continuariam todos dentro do inquérito.

O partido Rede ainda tornaria prevento o ministro que acabaria julgando nossos recursos; afinal, o pedido deles teria o mesmo objeto e os mesmos envolvidos que o nosso.

De fato, nossos recursos ficaram condicionados a serem julgados pelo ministro Edson Fachin, em razão de ter sido a ele distribuída a ação do Rede.

Imprensa". Disponível em: https://www.jusbrasil.com.br/artigos/adpf-130-12-anos-do-fim-da-lei-de-imprensa/1191664441. Acesso em: 28 de agosto de 2023.

• Súmula Vinculante 14 do STF: "É direito do defensor, no interesse do representado, ter acesso amplo aos elementos de prova que, já documentados em procedimento investigatório realizado por órgão com competência de polícia judiciária, digam respeito ao exercício do direito de defesa." https://portal.stf.jus.br/jurisprudencia/sumariosumulas.asp?base=26&sumula=1230.

Eu não tinha, e nem tenho, nada contra o ministro Fachin, mas preferia que os recursos caíssem com um ministro que possuía à época decisões mais consolidadas a respeito da liberdade de expressão, não podendo se expor à contradição pública de suas decisões com o caso *Crusoé*.

Como a segunda-feira do dia 15 inaugurava a Semana Santa e não haveria expediente no STF do dia 17 ao 19, ou seja, de quarta-feira em diante, cogitei a estratégia de ajuizar a Reclamação no dia seguinte pela manhã, dia 16, sabendo da prevenção do ministro Fachin, e, no início do feriado, impetrar o HC, tentando a sorte com o ministro que estivesse de plantão.

Além de termos possibilidade de um outro ministro examinar o caso, seria uma forma de não aguardarmos o retorno do feriado para obtermos uma decisão de Fachin.

Expliquei ao cliente, por mensagem:

Nosso HC (*habeas corpus*), que é mais uma medida que levamos ao STF, tem uma chance de ser direcionado ao plantão judicial. É um remendo, não se adapta juridicamente nosso caso ao plantão. Mas seria uma chance de obtermos uma decisão antes de segunda. E não termos decisões apenas de Fachin. Também não há prejuízo, pois se entenderem não ser o caso de apreciação pelo plantão, ele seguirá o curso normal que já seguiria. Creio que temos de tentar mais essa para forçar que se posicionem.

Eu só não contava com o fato de que, um segundo depois, um advogado de minha equipe entraria em minha sala dizendo: "Aborta, o plantão é de Toffoli".

Uma das dores de cabeça de se atuar em um caso de tanto destaque como esse, além de ter de dividir o campo de jogo com alguns atropelos como o que contei, é que todos os juristas do Brasil tinham um palpite para dar. Chegavam de todos os cantos e por todas as pessoas ideias mirabolantes sobre coisas que eu já sabia e, sobretudo, sobre coisas que nunca ninguém soube.

Hoje temos plena ciência do que foram — e ainda são — esses inquéritos. Na época, era tatear no escuro. Mas quando se tateia sem a responsabilidade imensa de ser o advogado da causa, é uma verdadeira piscina de delícias. Atuar nesse caso me permitiu chegar ao menos um tiquinho próximo de como deve ser a vida de um técnico de futebol. É totalmente diferente falar qualquer bobagem descomprometida sobre como deve jogar uma equipe e ser efetivamente o técnico responsável por tomar decisões em favor da equipe.

XI

15 DE ABRIL DE 2019

18h50

O dia não acabava.

Sabino me ligou. Tinha circulado a notícia de que o caso sairia no *Jornal Nacional* e que a Rede Globo mencionaria se tratar de "censura". "Caro, creio que deveria estar conosco."

Sem dúvida. Peguei um táxi, fui para lá. Ficava na Faria Lima, no famoso prédio do Google. Assisti ao *Jornal Nacional* em uma grande televisão instalada na redação da revista, encostado a uma mesa, ao lado de Sabino. É curioso como em casos como esses o lado profissional se mistura com o pessoal. Senti-me parceiro deles todos. Éramos um time. Sabíamos a importância de ser dito no principal telejornal do país que a *Crusoé* estava sob censura. Seria relevante para o caso, e acredito que tenha sido para a biografia da revista.

Terminado o jornal, voltei ao escritório e, enquanto os advogados redigiam as peças em uma bancada, na outra, eu as revisava. Foram todos embora por volta das 23h, menos eu, que fiquei até as três da manhã revisando as peças. Passei no tradicional restaurante "Sujinho", na rua da Consolação, pedi um bife à parmegiana de frango e uma Serra Malte.

Na sequência, fui para casa — eu morava à época na rua Bela Cintra, perto do restaurante. Finalmente ia dormir.

XII

CONHECI MARIO SABINO e também Diogo Mainardi por meio de meu pai, Lourival Santos. Sabino e Lourival haviam trabalhado juntos na Editora Abril. Sabino era redator-chefe da *Veja*, e Lourival, o advogado responsável pela direção jurídica de todo o grupo Abril. A inevitável conexão entre a combativa revista e o jurídico os uniu em um laço de respeito mútuo. Aliás, meu pai também viveu um emblemático caso de censura em sua carreira na Abril. De quase censura, melhor dizendo. O da publicação da entrevista de Pedro Collor, em 1992.

    Para o leitor interessado, quem conta bem essa história é o podcast "Collor x Collor", baseado no livro de Dora Kramer que descreve a saga vivida pelos irmãos Pedro e o presidente da República da época, Fernando.* A entrevista de Pedro poderia derrubar o governo de Fernando, e, entre o momento em que foi dada e sua publicação, houve uma imensa movimentação no governo e na editora. Meu pai chegou a fazer Pedro assinar um termo isentando a revista de qualquer responsabilidade pelo que afirmava. Solução precursora para solucionar a lamentável tese que o

---

* https://www1.folha.uol.com.br/amp/poder/2023/07/documentario-sobre-a-vida-de-collor-vai-ao-ar-inspirado-em-best-seller.shtml

STF fixou no sentido de responsabilizar a imprensa por declarações acusatórias de entrevistados ou fontes.*

O fato é que naquele ano de 1992 o governo cogitou uma ação proibindo a circulação da revista; censurando-a, portanto. Ouvi de um advogado conhecido de meu pai que ele foi contratado e tinha a procuração assinada por Fernando. Ouvi também de um desembargador aposentado que o governo fizera contatos no Tribunal de São Paulo, buscando parceria na empreitada. Minha memória desse período é a de um adolescente que tinha em casa um entra e sai sem fim, com o pai voltando de madrugada do trabalho por uma semana ou mais.

Lembro-me também de forma bastante vívida de um episódio curioso desse momento da República. A empregada de casa, Edith, certa noite desligou o telefone indignada e, para desespero total de meu pai, disse: "Trote, doutor. Uma pessoa dizendo que era o Pedro Collor. Xinguei até não poder mais. Só tem desocupado neste país." O Brasil sempre teve muitos desocupados, de fato, mas Pedro Collor não era um deles, muito menos naquela semana que antecedeu à publicação da revista. Nem meu pai, que, depois de uma vida inteira dedicada à defesa da liberdade de expressão, ainda teve ânimo para abrir escritório próprio em 2002 dedicado a defender jornalistas e formadores de opinião.

Mario Sabino fundou o site *O Antagonista* em 2015, em sociedade com Diogo Mainardi. E aqui a história deles e de meu pai voltou a se conectar. E a história deles à minha.

Eu já era sócio do escritório Lourival Advogados em 2016, quando meu pai um dia me disse: "Mario Sabino está

---

* https://www.estadao.com.br/amp/politica/blog-do-fausto-macedo/stf-entrevistas-jornalismo-atividade-risco-autocensura-constitucionalista/

vindo aqui." Lembro-me perfeitamente bem de estarmos os três na sala de reunião, no bairro de Higienópolis, em São Paulo. Eu lia Sabino, gostava sobretudo do estilo literário de seus textos. Além da formação em direito, eu havia me formado em letras. "É o que salva sua alma", diziam meus amigos, com aquelas piadas pitorescas contra advogados.

Diante de Mario, fiquei ouvindo-o contar a bizarra história de que Lula, por seu advogado, que viria a ser ministro do STF, Cristiano Zanin, havia aberto um inquérito contra Mainardi, Sabino e o jornalista Claudio Dantas, todos do site *O Antagonista*, solicitando à autoridade policial que investigasse os três sob o pretexto de que a união deles, no site, tratava-se de uma organização criminosa. Ou seja, eram três que estariam se unindo para cometer crimes contra a honra de Lula.

Lula fez mais. Em 2016, lançou um site chamado *A Bem da Verdade*,* no qual expunha a público todas as dezenas de ações cíveis e criminais e inquéritos abertos contra jornalistas e formadores de opinião, inclusive os que ele carregava para a delegacia para serem ouvidos. O site expondo jornalistas parecia ser motivo de orgulho para Lula, mas, na verdade, tratava-se de assédio judicial. O que Lula chamava de organização criminosa era jornalismo do puro, e suas acusações a Sabino, Mainardi e Dantas foram devidamente arquivadas tanto na primeira quanto na segunda instâncias por meio de *habeas corpus* que eu e Lourival interpusemos no Judiciário.

O desembargador Camilo Léllis deixou evidente a falta de sentido da acusação contra os jornalistas em seu voto:

---

* Notícia disponível em: https://www.infomoney.com.br/politica/lula-lancara-o-site-a-bem-da-verdade-que-mostrara-processos-contra-jornalistas/amp/.

(...) [os pacientes] se reuniam com o objetivo de empregar cunho jornalístico àquelas publicações, não configurando o crime de associação criminosa, verificando-se na hipótese de exercício de direitos constitucionais, notadamente, liberdade de expressão e opinião.*

Em 2016, em nossa reunião no escritório, Sabino deixava claro que não queria ir à delegacia para explicar a um delegado que seu trabalho jornalístico era lícito. E, de fato, conseguimos fazer com que ele não fosse.
Em 2019, seria impossível.

---

* Lula alegava que os jornalistas estariam se juntando não para exercício de seu ofício jornalístico, mas para cometer crimes contra sua honra. Por me parecer a acusação uma ofensa à atividade jornalística como um todo, impetrei *habeas corpus*, e o inquérito contra eles foi trancado, como pode ser lido em: https://www.migalhas.com.br/amp/quentes/296651/mantido-trancamento-de-inquerito-que-investigava-o-antagonista-por-suposto-crime-contra-honra-de-lula. Acesso em: 21 de agosto de 2023.

XIII

**16 DE ABRIL DE 2019 — TERÇA-FEIRA
DIA SEGUINTE À CENSURA DA *CRUSOÉ*
UM DIA ANTES DO RECESSO DA SEMANA SANTA**

6h

Acordei surpreso por ter dormido bem.

Na época, como eu era solteiro, fazia meu desjejum em uma padaria na esquina de casa. Fui até lá com meu notebook e, em meio a um pão na chapa engordurado e um café com leite morno, dei uma última revisada nas peças, enviei ao escritório e escrevi mensagem a um dos advogados da equipe: "Manda bala."

O dia ia ser corrido. Eu nem sequer iria ao escritório. Como era o último dia antes do feriado, a Polícia Federal ouviria Sabino na terça-feira, às 13h, na sede da PF, na Lapa. Com o protocolo das peças feito, mandei um advogado de minha equipe de Brasília ao STF apressar a distribuição, mencionando inclusive a prevenção de Fachin, em razão da peça do partido Rede.

Em um otimismo de última hora e ainda sem saber o quão sigiloso era o inquérito, minha expectativa era de que, por força da Súmula 14 do STF, poderíamos conseguir acesso aos autos antes do depoimento. Em Brasília, o advogado ia e voltava do STF sem nada. No escritório, ligávamos e nenhuma informação era passada.

8h41

Voltei para casa, me aprontei e mandei uma mensagem a Mario pretendendo buscá-lo na redação e depois seguir para a PF: "Podemos nos encontrar um pouco antes, 12h15? Subimos e, antes de irmos, alinhamos alguns pontos do depoimento, em reunião rápida. Feito?".

11h

Nada de Brasília. Hoje sabemos bem que nem nós nem nenhum dos réus nunca teríamos acesso aos autos do inquérito, no máximo às decisões, e ainda assim, nem sempre. Naquele momento eu ainda acreditava que haveria limite para a arbitrariedade.

12h05

Eu acabara de sair de casa, e passei para pegar meu pai. Receoso de qualquer eventual atraso, mandei mensagem a Mario dizendo que nos falaríamos lá, para irmos todos direto. Ele foi de táxi, fui no carro de Lourival. Chegando, encontramos Sabino, nos cumprimentamos, conversamos um pouco. Dei orientações básicas de qualquer depoimento: que não falasse além do que lhe fosse perguntado. Não adjetivasse nada nem ninguém. Não buscasse justificar a matéria jornalística censurada, nem revelasse fontes, preservadas pelo artigo 5°, inciso XIV. Ele ponderou se devíamos reforçar que a matéria estava documentada. Eu disse que sim.

Adentramos o pátio que antecede o imenso prédio da Polícia Federal em São Paulo. Mario avistou uma aglomeração de jornalistas na porta e receou que aquilo fosse para ele. Fui ver, não era; eles ficavam ali de plantão aguardando presos. Entramos, enfrentamos uma fila imensa para cadastro, misturados que estávamos à multidão que desejava obter visto para os Estados Unidos. Chamei uma policial e mencionei que tínhamos um depoimento agendado, ela priorizou nosso cadastro e nos orientou a pegar o elevador até o terceiro andar.

Uma sala menor nos aguardava. Eu me dirigi a um guichê e contei quem éramos. Uma agente federal me pediu para aguardar. Eu estava sentado em uma cadeira ao lado de Lourival e exatamente em frente a Mario. Perguntei se ele estava bem para falar. Ele me disse que sim. E ficamos quietos, como num velório sem caixão no meio.

13h04

Mario pegou o telefone e me apontou, indicando que eu lesse a mensagem que me enviara.

Era um PDF com uma decisão da procuradora-geral da República. Abri. A PGR desancava o inquérito, dizia ser uma afronta ao sistema penal acusatório, às regras de competência, em violação ao princípio do juiz natural, e terminava informando que, transcorridos mais de trinta dias da instauração do inquérito sem que tivesse sido sequer enviada cópia dele ao Ministério Público, titular da ação penal, ela promovia o arquivamento, e, como consequência, todas as decisões proferidas estavam prejudicadas.

Olhei para Mario, perplexo. Seria quente?

Em meu celular, encontrei uma notícia do site do próprio Ministério Público Federal: "Raquel Dodge arquiva inquérito aberto de ofício pelo Supremo Tribunal Federal."*

"Está arquivado", escreveu Mario.

Levantei-me e fui ao guichê. Precisava falar com o delegado responsável com urgência. Ele veio ao corredor, era um delegado destacado especialmente para o inquérito (Moraes havia formado uma espécie de grupo de trabalho, de força-tarefa, para o Inquérito das *Fake News*). Mostrei ao delegado a notícia. Ele não fora informado. Entrou, poucos minutos depois me chamou. Estava com o celular aberto no WhatsApp, em contato com alguém, supus ser do gabinete do ministro Moraes, e me disse: "Olha, eu não estou a par da decisão. Não tenho orientação para cancelar, vou deixar que o doutor decida."

Retornei à sala e conversei com Mario: "Vamos fazer. Isso claramente se trata de uma queda de braço entre STF e Ministério Público, que deve estar irritado com o fato de o protagonismo da Corte não estar sendo compartilhado. Acabaremos tendo de voltar. É também um bom momento para mostrar que não temos nada a temer."

Mario concordou. Já tinha passado por poucas e boas, inclusive tendo sido indiciado pela Polícia Federal por defender repórteres da antiga revista *Veja*. Mario Sabino, à época, era redator-chefe da revista e o único indiciado pela PF em

---

* https://www.mpf.mp.br/pgr/noticias-pgr/raquel-dodge-arquiva-inquerito-aberto-de-oficio-pelo-supremo-tribunal-federal

decorrência de matéria que ficou conhecida como "escândalo dos aloprados."*

Entramos. Na sala do delegado estávamos eu, Sabino, Lourival e o próprio delegado. Ele, sempre com o celular aberto no WhatsApp, começou a fazer perguntas. Mario estava afiadíssimo nas respostas, todas emitidas com precisão. Mas as perguntas eram uma espécie de "fale-me mais sobre isso", "conte-me mais sobre o caso." Perguntei ao delegado: "Doutor, com todo o respeito, quem está sendo investigado, a revista ou Mario? E qual é o objeto da investigação?". Ele nos olhou e disse: "Eu também não tive acesso aos autos, então as perguntas serão abrangentes."

Era incrível. Quatro pessoas numa sala. Uma prestando depoimento à outra: uma sem saber por que perguntava, a outra sem saber a razão de estar respondendo.

Foi rápido, coisa de meia hora. Aproveitamos, ao final, para fazer constar que não havíamos tido acesso aos autos, que a decisão censória fora cumprida, que a multa era incompreensível, que a matéria posterior sobre a censura era meramente informativa e que a reportagem censurada estava perfeitamente documentada. Como nos encontrávamos todos no escuro, a estratégia foi deixar registrados os pontos que eram minimamente conhecidos:

> QUE dada a palavra ao defensor do Declarante, "não tivemos acesso aos autos do processo e não sabemos e nem fomos esclarecidos sob qual condição o declarante está sendo ouvido".

---

* https://crusoe.com.br/edicoes/17/a-fake-news-do-pt-e-o-dia-em-que-fui-indiciado/

QUE o Declarante gostaria de dizer que se dispôs a prestar esse depoimento apesar de a PGR ter arquivado o inquérito no qual foi kafkianamente incluído por consideração à PF.

Saímos de lá. Fui embora com Lourival, e Sabino seguiu sozinho para a redação.

Reproduzo trecho do artigo "E Lá Fui Eu Parar na PF Outra Vez", escrito por Mario Sabino na edição seguinte à censura da *Crusoé*, dia 19 de abril, em que conta a saga de seu depoimento à Polícia Federal:

> Na última terça-feira, dia 16 de abril, apenas vinte e quatro horas depois de ser intimado pelo ministro Alexandre de Moraes, eu me apresentei ao delegado da Polícia Federal escolhido para conduzir o inquérito sigiloso e inconstitucional aberto para intimidar a imprensa (a história de que serve para apurar *fake news* e ameaças ao STF nas redes sociais é conversa para boi dormir. Pegaram uns coitados ao acaso). Foi a quarta vez na minha carreira profissional que me vi convocado a comparecer diante de um delegado pelo fato de ser jornalista. Na primeira, em 2008, fui à mesma Superintendência da PF em São Paulo, como redator-chefe da *Veja*, para sair de lá como o único indiciado no caso do dossiê dos aloprados. Contei essa história aqui, há menos de um mês. Em 2016, Lula também quis me levar para uma delegacia, sob a acusação de que *O Antagonista* era uma associação criminosa. Nossos advogados conseguiram evitar essa ignomínia. Em 2017, Wagner Freitas, presidente da CUT, foi outro a querer que um delegado me interrogasse. A tentativa foi novamente abortada.

É perturbador que um jornalista, pelo fato de exercer sua profissão, seja intimado a ir quatro vezes à polícia, na vigência de um regime democrático. Tendo a crer que sou um recordista no Brasil. O delegado designado para conduzir o inquérito inconstitucional saído da cachola de Dias Toffoli e de Alexandre de Moraes não soube dizer a meus advogados em qual condição eu estava ali: se de investigado, testemunha ou, sei lá, colaborador. Ele afirmou ainda que, por ser sigiloso, desconhecia o teor exato do inquérito a meu respeito. Sim, você leu certo: o delegado designado para conduzir o inquérito inconstitucional saído da cachola de Dias Toffoli e de Alexandre de Moraes disse não ter ideia sobre o que estava sendo investigado a meu respeito. Se é que eu era investigado, claro.

No mesmo dia 19, na mesma edição da *Crusoé*, e sobre o mesmo episódio, escrevi o artigo "Liberdades Violadas", que reproduzo na íntegra:

> O inusitado da situação teve início na segunda-feira, quando, atônito, fui chamado à redação com a informação de que *Crusoé* e *O Antagonista* estavam sob censura, por ordem de ministro do Supremo Tribunal Federal, e em razão de publicação jornalística baseada em documento verídico e de inegável interesse público.
> Confesso que, por muitas vezes, advogando em defesa das liberdades de expressão e de imprensa, deparei com decisões liminares deferidas de forma afoita, determinando que algum conteúdo fosse retirado do ar, ou que algum veículo fosse impedido de publicar alguma reportagem. Eram decisões que demandavam empenho jurídico urgente, sem dúvida, mas havia a confiança em que os tribunais

estaduais revogariam a medida extrema. E, se não o fizessem, ou, mais comum, se demorassem, havia o sentimento íntimo de conforto, em razão de entendimento pacificado do Supremo de que a liberdade de imprensa era plena.

O fato de um veículo de comunicação se ver sob censura, portanto, não foi a razão de meu estranhamento. O inusitado provinha de ter sido a decisão censória emanada do mesmo Supremo que, por tantas vezes, recebeu e acolheu os reclamos da imprensa. Pior, decisão proferida sem abertura ao contraditório, sem reflexão jurídica exauriente.

A decisão foi impugnada, a multa deferida foi enfrentada, e o depoimento do *publisher* da *Crusoé* à Polícia Federal foi prestado sem que à defesa fosse oportunizado o acesso aos autos do inquérito. Até o momento, nem sequer soubemos o porquê da multa, se cumprida integral e imediatamente a decisão. Tampouco soubemos o porquê da investigação, e, gravíssimo, quem está sendo investigado. Sim, os depoimentos foram ordenados sob tais condições.

Não à toa, tanto na peça de enfrentamento, apresentada ao Supremo, quanto no depoimento à polícia, um termo bastante utilizado foi "kafkiano". A sensação era esta: todos nos vimos na pele da personagem de Kafka, vítima de uma burocracia que afogava todo e qualquer direito cidadão e democrático.

O inusitado é tamanho que a incômoda situação vivenciada, com a devida licença, me permite dizer, em razão do clamor nacional, e, diga-se, internacional, que toda a sociedade está diante de uma situação intolerável, imersa em ordens desordenadas, decisões sem processo, multas injustificadas.

A expectativa de todos me parece ser uma só: que a Corte retome suas próprias rédeas, recomponha-se em seus próprios trilhos e mostre à sociedade que a voz que se manifestou contra a liberdade de imprensa e de expressão, a voz que ecoou censória, restou equivocada. E, sendo otimista, de mais a mais, jogou luz na necessidade de que se perceba que a luta pela liberdade de manifestação não é apenas uma luta dos jornalistas e dos veículos de comunicação, mas uma luta pela própria existência, manutenção e fortalecimento das instituições democráticas do Estado de Direito, entre as quais, claro, figura de forma altiva e muito importante, nosso Supremo Tribunal Federal.

No meio da tarde daquela terça-feira, abro o *Estadão* e encontro a decisão de Alexandre de Moraes indeferindo integralmente o pedido "genérico de arquivamento do inquérito" feito pela PGR.* Para indeferir o pedido de arquivamento, o STF estava trabalhando. Para nossos recursos, já era feriado.

---

* https://www.estadao.com.br/amp/politica/blog-do-fausto-macedo/indefiro-integralmente-pedido-generico-de-arquivamento-do-inquerito-das-fake-news-diz-alexandre-a-raquel/

XIV

O DIA 16 DE ABRIL ainda me reservava uma última surpresa. Ao chegar ao escritório, minha assessoria me abordou dizendo que estava na sala de reuniões um repórter da *Folha de S.Paulo*. Eu tinha dado à equipe carta branca para lidar com os jornalistas, mas fiquei surpreso. Seria uma entrevista exclusiva sobre a censura à *Crusoé*. O repórter era uma das pessoas que passei a admirar a partir da *Crusoé*: Rogério Gentile. Texto ótimo, jornalista perspicaz, culto e de uma sensibilidade incrível.

Nunca vou me esquecer do momento em que Gentile, já no final da entrevista, sacou da mochila que carregava consigo um livro preto com uma figura de colunas romanas na capa. Na mesma hora detectei a obra que me tinha sido obrigatória na faculdade: *Direito Constitucional*, de Alexandre de Moraes. O livro do ministro censor. Gentile o abriu calmamente, e pude ver que estava toda anotada a lápis a página que ele escolheu. Ele me disse: "Aqui." E tascou a provocação que fez parte da entrevista para a *Folha*: "Em um de seus livros, o ministro Alexandre de Moraes diz que a Constituição não protege informações levianamente não verificadas." Respondi de pronto: "Entre a obra do ministro e a Constituição, fico com a Constituição."*

---

* https://www1.folha.uol.com.br/amp/poder/2019/04/censura-foi-abuso-judicial-e-punicao-do-stf-ao-publico-diz-advogado-de-revista.shtml

Ao acordar, no dia seguinte, fui à padaria e pedi meu pão na chapa e café com leite, como de costume. A manchete de que eu preferia a Constituição ao livro do ministro circulava feito pólvora na imprensa. Curiosamente, li a entrevista dada à *Folha de S.Paulo* primeiro no próprio site *O Antagonista*. Contei esse fato a Mario, que, por WhatsApp, me respondeu: "É o que ocorre." Em seguida: "Boa entrevista."

O caso *Crusoé*, àquela altura, tinha ganhado proporções internacionais. O *New York Times* publicou matéria sobre a censura, o *Washington Post* estampou na manchete: "Principal Tribunal do Brasil Criticado por Ordem de Bloquear Notícias."[*]

Lembro-me de ter dito mais de uma vez naquela quarta-feira: "O Supremo deve estar sufocado."

Devia estar. Fachin poderia aliviar a barra dos ministros revogando a censura, pois já tinha em mãos nossos recursos. No entanto, no apagar das luzes, na véspera do feriado, despachou dando cinco dias para que Moraes apresentasse informações sobre o caso. "Vai ficar tocando de lado", pensei.

Os ministros que, geralmente, em casos similares, saíam à imprensa para dar recados estavam quietos. Um contato político meu de Brasília me assoprou no ouvido que os ministros estavam recuados, sem saber como desfazer a censura, que tinha repercutido mais do que esperavam, sem prejudicar a imagem da Corte e do ministro Moraes.

A imprensa seguia pressionando. Algo que já contei fazer inclusive parte de nossa estratégia jurídica. Todos chamavam o caso pelo nome que merecia: censura. O barulho era enorme. Eu mesmo já estava em contato com algumas

---

[*] https://www.reuters.com/article/brazil-politics-court-idUKL1N21YoC7/

pessoas avaliando inclusive se deveríamos levar o caso para a Corte interamericana, denunciando a censura.

O STF seria obrigado a se posicionar; se não fosse por uma decisão de Fachin, teria de ser de alguma outra forma. Até que na quinta-feira, dia 18 de abril, em plena Semana Santa, aparece na imprensa uma nota de Celso de Mello, o ministro decano, dando aos jornais a manchete: "Censura Judicial é Intolerável, Ilegítima e Autocrática."

Seria o início da virada. O começo do fim da censura à revista.

XV

A ÍNTEGRA DA NOTA que Mello soltou aos jornais foi a seguinte:

> A censura, qualquer tipo de censura, mesmo aquela ordenada pelo Poder Judiciário, mostra-se prática ilegítima, autocrática e essencialmente incompatível com o regime das liberdades fundamentais consagrado pela Constituição da República!
> O Estado não tem poder algum para interditar a livre circulação de ideias ou o livre exercício da liberdade constitucional de manifestação do pensamento ou de restringir e de inviabilizar o direito fundamental do jornalista de informar, de pesquisar, de investigar, de criticar e de relatar fatos e eventos de interesse público, ainda que do relato jornalístico possa resultar a exposição de altas figuras da República!
> A prática da censura, inclusive da censura judicial, além de intolerável, constitui verdadeira perversão da ética do direito e traduz, na concreção de seu alcance, inquestionável subversão da própria ideia democrática que anima e ilumina as instituições da República!
> No Estado de Direito, construído sob a égide dos princípios que informam e estruturam a democracia constitucional, não há lugar possível para o exercício do poder

estatal de veto, de interdição ou de censura ao pensamento, à circulação de ideias, à transmissão de informações e ao livre desempenho da atividade jornalística!!!

Eventuais abusos da liberdade de expressão poderão constituir objeto de responsabilização "*a posteriori*", sempre, porém, no âmbito de processos judiciais regularmente instaurados nos quais fique assegurada ao jornalista ou ao órgão de imprensa a prerrogativa de exercer, de modo pleno, sem restrições, o direito de defesa, observados os princípios do contraditório e da garantia do devido processo legal!

Logo após a nota, começou um burburinho em Brasília, e a informação de que Moraes estaria redigindo a revogação da censura ganhou a imprensa. Nenhuma decisão nos autos. Na verdade, mesmo que houvesse, não saberíamos de imediato, pois os autos estavam sob sigilo.

XVI

18 DE ABRIL DE 2019 — QUINTA-FEIRA SANTA

17h42

Mônica Bergamo posta no Twitter: URGENTE ALEXANDRE DE MORAES REVOGA CENSURA A SITE O ANTAGONISTA.*
    A redação me questiona se podemos levantar a censura. Digo para esperarmos. Precisamos de algo concreto, de uma intimação oficial. Em um caso como aquele, em que havíamos sido censurados por interesse político, em que havíamos sido multados sem saber a razão, em que estávamos no escuro, só seria prudente levantar a censura com uma contraordem oficial.

18h

Protocolo uma petição a Fachin nos autos da Reclamação Constitucional. A revogação da censura era a essência da Reclamação; se havia sido revogada, então era da competência dele se manifestar a respeito. Além disso, na Reclamação não havia sigilo; nos autos do inquérito, sim:

---

* https://twitter.com/monicabergamo/status/1118978096575713286

(...) a Reclamante acaba de receber pela imprensa a notícia de que o ministro Alexandre de Moraes proferiu decisão nos autos do Inquérito 4.781 revogando a censura imposta à Reclamante e às suas publicações, a saber: *O Antagonista* e revista *Crusoé*.

Em razão do sigilo imposto àqueles autos de inquérito, é necessário que Vossa Excelência se manifeste formalizando o levantamento da censura e de suas determinações necessárias, como a multa imposta a esta Reclamante.

É de urgência a manifestação de Vossa Excelência para que o ato seja formalizado, não havendo risco no retorno das matérias censuradas ao debate público, de onde nunca deveriam ter saído.

Fachin ignoraria o pedido. Meu escritório ligava para o STF: nada. Até para a Presidência: ninguém. Íamos lá: vazio. Em paralelo, combinamos com a redação da revista que aguardaríamos mais um pouco.

Rodrigo Rangel me disse que em Brasília ficaria de plantão uma pessoa para receber eventual intimação.

20h

A imprensa já noticiava a revogação como um fato. Já se comentava sobre a revogação na imprensa como uma certeza.

20h29

O Antagonista, então, publica um *post*:

CADÊ A NOTIFICAÇÃO OFICIAL DO FIM DA CENSURA?

O Antagonista gostaria de saber quando o gabinete do ministro Alexandre de Moraes notificará oficialmente nosso advogado sobre o fim da censura à *Crusoé* e a este site. Ou decisão judicial vazada para a imprensa, e de inquérito sigiloso, vale como comunicação oficial?*

Até mesmo o texto da decisão já circulava. Mas de oficial, nada.

---

* https://oantagonista.com.br/brasil/cade-a-notificacao-oficial-do-fim-da-censura/

XVII

19 DE ABRIL DE 2019 — SEXTA-FEIRA SANTA

11h17

"Juntaram alguma decisão?", foi a pergunta na redação da revista. "*Nope*", respondi.

Mas informo que o site do STF havia noticiado a decisão: "Ministro Alexandre de Moraes Restabelece Circulação de Matérias, Refuta Tese de Censura e Mantém Inquérito."*

A decisão ainda não constava nos autos, mas estava anexada no site do STF. Bizarro, mas era dessa forma que a Corte vinha procedendo. Meu escritório seguia pressionando o gabinete até que, enfim, surgiram nos andamentos do inquérito uma decisão sem especificação do que se tratava e uma "comunicação assinada."

Eu tinha certeza de que era intimação sobre a decisão. "O gabinete está ativo", pensei. "Vai sair." Logo me avisaram da redação de Brasília que um oficial entrara em contato. "Funcionou", me escreve Mario.

Ainda assim, mandaram uma intimação em nome da *Crusoé*, embora a censura também se destinasse a *O Antagonista*. Fora que a *Crusoé* não era a pessoa jurídica responsável,

---

* https://portal.stf.jus.br/noticias/verNoticiaDetalhe.asp?idConteudo=408958

apenas um título editorial pertencente à pessoa jurídica — não devia ser em nome dela a intimação. Enfim, era o melhor que conseguiríamos obter do STF. Escrevi a Mario: "Pode levantar tudo." Mario: "Certeza?", ele perguntou.

Era certeza. Mas a partir de então passariam a tomar conta de nossas preocupações outras incertezas que pairavam no ar.

Uma delas, a defesa intransigente que alguns ministros se prestaram a fazer da legitimidade da censura: "Ali [decisão de censura] se fez uma avaliação de que talvez houvesse *fake news*, porque talvez o documento não existisse", disse Gilmar Mendes à *Folha de S.Paulo*. "Não existe censura quando a decisão é *a posteriori*. Quando é *a posteriori*, não existe censura", declarou Toffoli, desatento ao fato de que censura é censura em razão do conteúdo decisório, não do momento da decisão.*

Estavam eles defendendo um colega. Tentando proteger Moraes. Era compreensível. A própria nota de Celso de Mello contra a censura não era uma crítica a Moraes, mas uma saída para que ele, inclusive citando-o na decisão de revogação, pudesse dizer que ouviu Mello, e não o recurso da revista.

O episódio, portanto, mostrava como a Corte estava unida em torno do inquérito, em torno da censura de Moraes. Isso me dava a exata medida de que o colegiado não trataria com acolhimento nossos recursos, cujo objeto não era apenas a censura, mas o trancamento do inquérito em relação à revista e seus responsáveis. A Corte revogar a censura, mas não reconhecer o erro, dava o tom do que toda a sociedade teria pela frente a partir de 2019 em termos de censura no país.

---

* https://www1.folha.uol.com.br/amp/poder/2019/04/gilmar-cita-fake-news-e-ve-como-natural-stf-retirar-do-ar-reportagem-sobre-toffoli.shtml

XVIII

25 DE ABRIL DE 2019

Moraes prestou esclarecimentos a Fachin no prazo estabelecido de cinco dias, por escrito, conforme havia determinado. Esperávamos uma bomba, veio um traque.

Ele basicamente dizia que receava ter havido manipulação de conteúdo na matéria jornalística e, na dúvida, tirou do ar. Como ficou demonstrado depois que não houve, revogou a decisão. Como gosto de dizer: *O receio do abuso não justifica coibir o uso.*

Fachin também abriu em seguida vista para a PGR, cuja manifestação foi ótima, técnica. O final do caso ia amadurecendo.

Nesse momento, tínhamos um *habeas corpus* requerendo o trancamento do inquérito em relação à revista e seu *publisher*, e, em nossa Reclamação Constitucional, sabíamos que os pedidos para revogar a censura e, por consequência, a multa deferida estavam prejudicados, mas insistíamos em requerer que Fachin expressamente se manifestasse sobre a impertinência do deferimento arbitrário da multa.

A pedido de Mario, nesse momento, o professor Miguel Reale foi somado ao time.

18 DE JULHO DE 2019

A PGR se manifesta sobre o *habeas corpus* dizendo que a censura tornou-o sem objeto. Era um erro da PGR. A perda de objeto seria em relação à censura, jamais em relação ao pedido de trancamento do inquérito para os investigados, feito no HC.

8 DE AGOSTO DE 2019

Fachin pede que os recursos sejam pautados. Não havia data ainda.

2 DE JUNHO DE 2020

O HC foi pautado para 12 de junho, em plenário virtual, ou seja, sem advogado presente, sem sessão presencial, nada. O voto de Fachin ia ser publicado por escrito na internet, e os ministros poderiam se manifestar virtualmente durante alguns dias sobre ele. Se os ministros ficassem sem dizer nada, significaria que haviam concordado com o relator. Quem cala, consente. O mesmo formato que viria a ser adotado pelo STF no julgamento dos réus dos atos de 8 de janeiro de 2023.

É preciso entender o contexto deste julgamento. No auge do medo causado pela pandemia, com os inquéritos sigilosos sob aplausos gerais de boa parte da nação por estarem servindo para prender e excluir de redes sociais blogueiros bolsonaristas antivacina, o caso *Crusoé* seria julgado no silêncio do plenário virtual. Era óbvio o movimento da Corte: colocaria seus esqueletos em definitivo no caixão.

 Avaliei que deveríamos pedir adiamento para sessão presencial ou, ao menos, por videoconferência, em razão da relevância do tema. Em vão. Pedido indeferido por Fachin. Seria posto em votação no dia 12 de junho mesmo.

XIX

NO VOTO, FACHIN, mais uma vez, saiu pela tangente. Considerou o *habeas corpus* a via recursal inadequada por se tratar de enfrentamento a ato de ministro no exercício de atividade judicante. Poderia causar, segundo ele, desnível no quórum regimentalmente previsto para a solução da controvérsia versada no recurso.

Decisão que, a meu ver, não faz sentido, pois Moraes estaria no julgamento de qualquer recurso, o desnível ocorreria de qualquer forma. Aliás, inclusive nesse julgamento que Fachin promovia, o desnivelamento já estava ocorrendo. Além disso, a decisão pretendia o quê? Em nome da possibilidade de haver desnivelamento injusto no julgamento, melhor optar por não julgar, mantendo a decisão injusta? Estava claro. Não se queria enfrentar o caso e assumir a censura, trancando o inquérito em relação aos investigados.

Uma curiosidade: Moraes se declarou impedido, Toffoli não, acompanhando o relator Fachin. O único voto divergente foi de Marco Aurélio.

14 DE AGOSTO DE 2020 — JULGAMENTO DA RECLAMAÇÃO CONSTITUCIONAL

Novamente, Fachin evita enfrentar o mérito e julga o pedido prejudicado, em razão de a censura, objeto da ação, ter sido revogada. Era esperado. Sobre a multa, literalmente, ignorou a decisão que a deferiu como se não tivesse existido: "Não há notícia, ademais, de efetiva aplicação da multa, uma vez que a reclamante informa ter cumprido a decisão reclamada no mesmo dia da intimação."

A decisão de Fachin, no entanto, trazia um lado sombrio que, nas entrelinhas, dava a pista de por qual razão o STF não trancava o inquérito em relação à revista. Escreveu Fachin no voto:

> (...) que a proteção da liberdade de expressão e de imprensa nos termos da Constituição não admite seja afetado, direta ou indiretamente, o legítimo direito de crítica em matérias jornalísticas e postagens, compartilhamentos ou outras manifestações (inclusive pessoais) na internet, feitas anonimamente ou não, **que não integrem esquemas de financiamento e divulgação em massa nas redes sociais, segundo assentado na ADPF 572.** (Negrito meu.)

Da Reclamação não recorreríamos; do HC, sim. No entanto, o voto de Fachin dava a dica de que não sairiam do inquérito a revista e seu *publisher*. A tal ADPF a que se refere o voto era o pedido que lá atrás mencionei ter sido feito pelo partido Rede. Foi julgado e ficou decidido que o Inquérito das *Fake News* poderia seguir, contanto que não constrangesse a imprensa.

Pois bem, com base nisso, nós nos manifestamos no inquérito pedindo que fôssemos excluídos; afinal, éramos imprensa e inequivocamente fomos constrangidos. O pedido foi ignorado.

O voto de Fachin, com a ressalva que coloquei em negrito, ficaria mais claro com o passar do tempo.

XX

A DIFICULDADE DE SE TER acesso aos autos de um inquérito era uma questão totalmente anômala, mas que se tornou comum neste caso e em todos os demais envolvendo os inquéritos do STF relatados por Moraes. Como a Súmula 14 da Corte era o mesmo que nada, as partes e seus advogados não possuíam acesso aos autos, e meu escritório ficava com um estagiário designado para o dia inteiro atualizar o site do STF em busca de novos andamentos.

Quando algum novo andamento surgia, sobretudo alguma decisão, como ela também não era acessível, o protocolo era ligarmos para o gabinete do ministro Moraes e nos apresentarmos: "Sou Fulano, advogado de Sicrano, e quero saber se a decisão que acaba de sair se refere a meu cliente." Às vezes, o gabinete respondia "Não", e voltávamos à nossa rotina. Ou: "Sim, aguarde nosso contato."

Muitas vezes também recebíamos decisões pelo correio. Cheguei, no caso *Crusoé*, a receber em meu WhatsApp uma decisão que, supostamente, tinha o valor de intimação formal. Era um número com prefixo "61" e um logo azul do Tribunal com os dizeres: "Supremo Tribunal Federal." Na mensagem: "Senhor(a) Advogado(a), fica Vossa Senhoria intimado da decisão proferida nos autos do Inquérito 4.781. Gabinete do Ministro Alexandre de Moraes — Supremo Tribunal Federal." Abaixo, um PDF com a decisão.

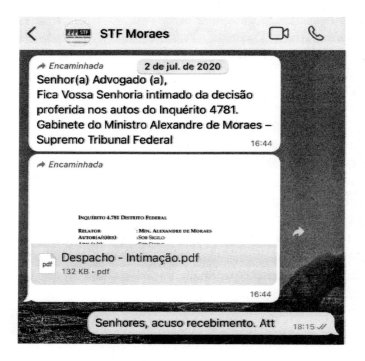

Numa dessas ocasiões, em um momento em que o ministro Moraes estava preocupado em passar à sociedade a imagem de que não proibia o acesso das partes e dos advogados aos autos do inquérito, chegando até mesmo a tuitar a respeito, recebemos uma decisão e, junto dela, talvez sem querer, talvez de propósito, outros documentos extras que expunham uma situação absurda: a pedido do procurador-geral da República, Augusto Aras, Moraes havia autorizado a investigação de comentários de leitores da revista *Crusoé* desabonadores aos ministros do STF. O pedido foi despachado em 4 de março de 2020 e integrado ao Inquérito 4.781.

Uma total aberração jurídica. O Marco Civil da Internet, em seu artigo 19, prevê a responsabilização de sites jornalísticos por conteúdos gerados por terceiros somente no caso de recusa em acatar ordens judiciais que busquem a identificação do autor do comentário. Ou seja, por lei, a revista não é responsável pelos comentários de leitores, a não ser que, feito a ela um pedido de identificação do autor do comentário, ela se recuse a fornecer. Não havia pedido algum feito à revista, mas, ainda assim, ela estava sendo investigada.

Não é possível que o procurador-geral da República e o ministro Moraes desconheçam a lei. Parecia mais uma manobra para justificar a permanência da revista e seu *publisher* como reféns nos autos do Inquérito das *Fake News*. No entanto, a manobra resultava em mais uma irregularidade cometida pela Corte e, neste caso, pelo procurador-geral da República também.

O caso ganhou a imprensa,* e mais uma vez pedimos que ambos fossem excluídos do Inquérito das *Fake News*. Pedido mais uma vez ignorado.

• https://revistaoeste.com/politica/censura-aras-pede-investigacao-por-comentarios-de-leitores-em-site/

XXI

NESTE MOMENTO em que escrevo o livro, janeiro de 2024, tanto a revista quanto seu *publisher*, Mario Sabino, apesar dos diversos e recorrentes recursos e requerimentos nossos, seguem no Inquérito das *Fake News* na qualidade de investigados, não se sabe de que, nem o porquê.

Até hoje, nenhum ministro do STF admitiu que o caso de abril de 2019 contra a revista *Crusoé* se tratou de uma censura.

O Inquérito das *Fake News*, desdobrado em mais oito inquéritos, totalizando nove, encontra-se ainda completamente em sigilo, após quase cinco anos de existência, sem nenhuma prestação de contas à sociedade de sua razão de ser ou de continuar existindo.

Em 27 de dezembro de 2023, entrevistado pelo Poder360, respondi a uma pergunta central dos jornalistas Paulo Silva Pinto e Letícia Pille sobre os inquéritos:

> O fato de existir uma investigação sem resolução da Corte é um problema?
>
> Sem dúvida. O inquérito serve para investigar. Agora, se a gente tem uma investigação que dura cinco anos, a gente já concluiu que ou a investigação não está sendo feita ou ela não chegou a lugar nenhum. Não existe a possibilidade

de você investigar uma pessoa cinco anos, ou um fato cinco anos, e isso não ter nenhuma consequência. (...)

O ministro [Luís Roberto] Barroso disse outro dia que defende a liberdade de expressão. Poxa, o ministro Barroso, se defende, de fato, a liberdade de expressão, se essa é a intenção dele como presidente da Corte, arquive os inquéritos, ele pode fazer isso. Ele é presidente do STF, ele pode arquivar os inquéritos. Ou então abra os inquéritos e mostre a nós tudo aquilo de que nos poupou essas investigações. O que não dá é seguir em sigilo durante tanto tempo sem qualquer tipo de prestação de contas à sociedade.*

Mesmo assim, em entrevista do dia 12 de dezembro de 2023 para a *Folha de S.Paulo*, ao ser perguntado sobre qual a previsão para o inquérito ser concluído, o ministro Alexandre de Moraes afirmou: "Ele vai ser concluído quando terminar."**

---

* https://www.poder360.com.br/justica/fake-news-alterou-atuacao-do-stf-diz-andre-marsiglia/
** https://www1.folha.uol.com.br/amp/poder/2023/12/quem-hoje-critica-prisoes-do-81-antes-tinha-bordoes-fascistas-contra-presos-diz-moraes-a-folha.shtml

XXII

NÃO SERIA A ÚNICA VEZ que a revista *Crusoé* se envolveria em um caso de censura judicial.

Em 12 de agosto de 2020, um juiz de Brasília deu uma decisão liminar com a brilhante ideia de facultar que a revista ocultasse ou tarjasse de preto o nome de uma deputada na reportagem assinada pela jornalista Helena Mader que se intitulava "A Coalização Pró-Impunidade".* Como pode ver o leitor, houve aqui um particular muito interessante. Afinal, o juiz não entendia sua decisão como censória, dizendo que não estava impedindo a revista ou a matéria de circular. Dizia que não estava retirando do ar a matéria, apenas o nome da deputada deveria ser excluído ou tarjado de preto.

Perceba o leitor que a restrição não impede o texto de circular, mas faz com que circule amputado de sentido. No direito constitucional norte-americano, o fenômeno é chamado de *chilling effect*, que traduzo por *efeito inibidor*. No Brasil, a tese do "efeito inibidor" era praticamente inédita.

Enquanto advogado contratado para atuar na defesa da revista e da jornalista, recorri de imediato à segunda instância com pedido liminar para suspender a censura, mas a desembargadora Maria Ivatônia Barbosa dos Santos a manteve. Tive de ajuizar Reclamação Constitucional ao Supremo

---

* https://crusoe.com.br/edicoes/116/a-coalizao-pro-impunidade/

Tribunal Federal, denunciando a existência de afronta à autoridade do julgado pela Corte na ADPF 130, que, em tese, varreu formalmente a possibilidade de censura do país.

Por intermédio de excelente decisão da ministra Rosa Weber, não apenas a censura foi revogada como, pela primeira vez no Brasil, o STF aplicou de forma central a um caso a tese do *chilling effect*, reconhecendo-o como uma modalidade de censura, pois impedia a circulação das ideias do texto de forma íntegra e integral.

A decisão dizia que "vedar a publicação de matérias (...) pode gerar indesejável *chilling effect* (efeito inibidor) na mídia".

Posso dizer que, com esse caso, estava sedimentado o caminho para o *chilling effect* ser utilizado perante o STF como argumento sólido contra a censura.*

O incrível do caso é que, mesmo após a decisão de Weber dizendo ser a decisão liminar do juiz censória, ele ignora o STF e profere sentença renovando a censura, impondo a mesma tarja preta à matéria. Recorremos novamente ao Tribunal de Brasília e fizemos nova Reclamação Constitucional ao STF. Desta vez, o caso caiu com outro desembargador, que, em definitivo, revogou a censura imposta à revista.

De qualquer forma, este caso mostra bem um aspecto interessante da censura: ela sempre expõe mais o censor do que o censurado. A revista foi proibida de circular sem que o nome da deputada, retratada em uma das reportagens, fosse tarjado de preto. No entanto, todos sabiam que a tarja preta se referia a ela, e quem não sabia desejou saber de imediato, expondo-a mais do que a resguardando da censura judicial.

---

* https://www.portaldosjornalistas.com.br/rose-weber-derruba-censura-a-reportagem-da-crusoe/

Tanto que uma curiosidade sobre este caso é que, depois da censura, a deputada ajuizou ação contra a revista dizendo que seus jornalistas estavam se utilizando da expressão "tarja preta" para se referir a ela de forma jocosa. De fato, inegável que "tarja preta" possui duplo sentido, não era apenas uma referência à censura. Desta vez, a deputada ganhou o processo.

Se a censura se reconhece pela vergonha do censurado, no início, e o constrangimento do censor, ao cabo, preciso fazer uma observação. Aquele que, no segundo seguinte a uma suposta censura, sai gritando a plenos pulmões que foi censurado costuma apenas se valer do apelo midiático obtido com a divulgação do ato. Em geral, quem foi censurado não quer divulgação imediata, pois lhe é traumático passar pelo episódio. Não há censura que não desconforte, que não traumatize.

Quem não foi censurado, mas assim se diz, não está sob nenhum trauma, aproveita-se do apelo que possui o tema, divulgando-o como um feito, como se a censura o tornasse importante. Os antigos diziam: "Não se chuta cachorro morto." Por mais incrível que possa parecer, a suposta censura ganha certo *status social*, dá certo *glamour* a muitos dos que se dizem censurados.*

Em razão de o conceito de censura ser muito pouco claro à maior parte das pessoas, é natural que todos os dias haja uma legião de interessados em se autodeclarar censurada. O conceito é recorrentemente utilizado por agentes públicos

---

* Há um interessante caso contado no livro comemorativo do Conselho Nacional de Autorregulamentação: *Conar 25 Anos – Ética na Prática* (São Paulo: Editora Terceiro Nome, 2005, Obra coletiva, p. 28). Nele, há o relato de que publicitários muitas vezes produziam peças propositadamente abusivas para receber a pena de suspensão e se valer da mídia derivada da medida para se dizerem censurados.

que anunciam terem sido alvo da censura de adversários políticos e almejam, com isso, a alcunha de vítimas para si e a de censores para seus opositores.

Há também uma utilização política muito comum do conceito por entidades da sociedade civil que anunciam projetos, que instituem comissões e erguem (do nada) entidades supostamente contrárias à censura e defensoras da liberdade de expressão. Dizem apoiar censurados, mas, na verdade, os contemplados são apenas seus próprios aliados, as únicas vozes que lhes importam.

Como o conceito de censura é equívoco, como combater a censura goza de algum prestígio social, e como o carimbo de censurado demonstra, em tese, relevância da voz atacada, lidar com o tema se tornou para muitas pessoas um instrumento de promoção pessoal, institucional ou política no país.

Tudo isso me faz, naturalmente, desconfiar da maior parte dos ranqueamentos acerca do comportamento da liberdade de expressão e da censura no Brasil, pois ranqueamentos dependem da qualidade dos critérios utilizados para conceituar e definir tecnicamente o que é censura. E os critérios são, na maior parte das vezes, pouco confiáveis tecnicamente.

XXIII

CREIO QUE ESTE LIVRO não deixa ao leitor nenhuma dúvida de que a censura floresce no Brasil muito em função de nosso autoritarismo culturalmente enraizado.

Uma vez, ainda na época das revistas impressas e bancas de jornais, o responsável por uma editora de notícias de celebridades me procurou no escritório, assustado por ter recebido reclamação de um assinante da revista. Estranhei; decerto era comum receberem reclamações. Quando fui ver, o assinante era um juiz de direito bastante conhecido e, à época, indignado com o fato de que as revistas chegavam às bancas antes de chegarem à casa dele. O problema é que sua carta, com letras garrafais e cheia de exclamações, foi escrita em papel timbrado de seu gabinete, com brasão e tudo. Era um ofício, portanto.

Conversei com o cliente e o convenci de solucionar não apenas o problema do assinante, mas também o do juiz que, decerto, estava com juizite aguda. Redigi uma resposta ponderando que antes de qualquer coisa era preciso saber com quem estávamos falando, se com o assinante ou se com o juiz, se quem nos notificava era a pessoa ou o Estado. O magistrado seguiu com sua assinatura e nunca mais deu problema.

O autoritarismo é tão naturalizado no país que provavelmente o juiz apenas foi chamado à realidade da gravidade de seu ato de se valer da máquina do Estado para fins pessoais ao receber minha resposta. Por tão pouco, se denunciada sua "carteirada", poderia ter se colocado em maus lençóis. Não espanta que o excesso de poder e a falta de limite entre esfera pública e privada resultem nos casos de corrupção a que nos acostumamos.

Não há como "deixar para lá" ou se amedrontar com juízes autoritários. Às vezes, é preciso de fato enfrentar sua fúria — curvar-se a ela pode ser fatal. O mais comum em casos envolvendo censura é escutar de clientes: "Doutor, me recomendaram não fazer nada", ou então "Melhor não mexer". Claro, se os clientes ouvem algo do tipo e me procuram é por estarem dispostos a algo mais do que deixar para lá, e eu lhes respondo: "Vamos mexer nesse vespeiro, sim, senhor!". Mas reconheço que é bastante comum em nossa cultura autoritária que os próprios advogados receiem comprar brigas com o Judiciário. E o advogado precisa saber fazer o enfrentamento com estratégia.

Certa ocasião, em um julgamento de segunda instância no Tribunal de Justiça de São Paulo, ao perceber que o voto do desembargador extrapolava o objeto da ação, ou seja, além da publicação de um direito de resposta, impunha ao jornalista uma indenização de R$ 200 mil, algo que não apenas a Lei Especial 13.188/15 não permite como também a própria parte autora não havia pedido, me levantei da tribuna e disse: "Excelência, espere um pouco, tenho uma questão de ordem". O desembargador esbravejou: "A ordem aqui, doutor, é a seguinte: o senhor falou, agora sou eu." Merecia enfrentamento, mas pensei rápido e fiquei quieto. Deixei que ele errasse em paz. Com isso ganhei de presente do desembargador uma razão certa para meu recurso subir a Brasília, e de repente, o caso, que estava praticamente perdido, em Brasília acabou sendo revertido.

Tive como cliente um repórter investigativo supercombativo, que denuncia políticos e compra brigas grandes o dia todo, mas morre de medo do Judiciário. Sempre que recebe correspondência com o brasão do Estado fica em pânico imaginando se tratar de uma nova citação, de um novo processo. Em uma dessas ocasiões, em uma sexta-feira à tarde, enviou-me o *print* da correspondência com o número do processo para que eu verificasse, mas deu o alerta: "Por favor, me diga do que se trata somente na segunda-feira; não quero estragar meu final de semana." Vi logo que se tratava de um processo antigo sem nenhum conteúdo novo e, querendo tranquilizá-lo, avisei alguns minutos depois que não era nada, que relaxasse. Ele me escreveu chateado: "Doutor, e agora? Da próxima vez que eu te enviar algo e pedir que não me avise, se o senhor demorar para retornar, logo vou saber que a notícia não é boa."

Um caso interessante envolvendo outro jornalista para quem tive a honra de advogar, e que ilustra bem essa difícil missão de trabalhar com a imprensa, foi quando Ricardo Boechat disse ao vivo na rádio que um determinado religioso, pastor evangélico, que o importunava no Twitter, fosse procurar uma "rola". Claro, resultou em processo cível e criminal, e meu escritório foi designado para atuar na esfera cível.

Eu não havia acompanhado a discussão ao vivo. Quando o caso chegou ao escritório, antes mesmo de ouvir o áudio do programa, comecei a construir mentalmente a linha de defesa. Pensei, a princípio, em alegar que deveria existir certa condescendência com manifestações ao vivo, feitas no quente do momento; que o jornalista havia, na verdade, reagido a uma provocação. Como alguns movimentos de minorias da época evitavam afirmar que a expressão era homofóbica, pois estariam, com isso, defendendo o pastor evangélico, pensei ser o momento certo para sair à imprensa dizendo se tratar de uma expressão costumeira e informal correspondente a "vai procurar o que fazer".

Tudo isso passando por minha cabeça antes mesmo de reunirmos os advogados do escritório para trocarmos ideias sobre o caso, ouvirmos as fitas, estudarmos as provas, como sempre fazemos quando um caso novo chega. Pois bem, começou a reunião e o áudio passou a ser ouvido. Vem o primeiro "vai procurar uma rola". Penso: *Tudo bem. Minha tese ainda parece adequada ao caso.* Ao final, para surpresa geral, o jornalista diz algo como: "Repetindo em português bem claro, vá procurar uma rola." E encerra. Caía por terra minha tese toda. Não dava mais para justificar a fala na tensão pontual entre os envolvidos, na ausência de intenção de usar a expressão, nada. O doutor Lourival, na sala, comentou comigo: "É... o Boechat não ajudou nessa."

XXIV

OUTRA FACETA de nosso autoritarismo é ser muito comum no Brasil que processos judiciais que envolvem liberdade de expressão e de imprensa sejam sempre acompanhados de pedido liminar para a matéria ou postagem ser excluída ou retirada do ar. Na cabeça do autor da ação passa-se o seguinte: "Não basta indenizar, quero que a declaração do outro desapareça, seja esquecida, se torne inexistente." São raros, muito raros processos sem esse pedido. Ocorrem apenas, talvez, quando o advogado se esquece de fazê-lo.

Um dos processos para contestar o exercício da liberdade de expressão e imprensa no país é a ação de direito de resposta. Por meio dela, no lugar de uma indenização, o autor, julgando que a versão publicada não corresponde à verdade, deseja que a esta versão seja agregada a sua. Certa ocasião, um canal de YouTube cliente recebeu uma sentença em que o juiz concedia ao autor da ação o direito de resposta e também a exclusão do conteúdo. Tivemos de recorrer explicando que era ilógico conceder resposta a um conteúdo que seria excluído. Deixaria de ser uma resposta, se assim fosse. Era uma coisa ou outra; do contrário, de uma versão com a voz única do canal de YouTube, passaríamos a uma versão com a voz única do autor. Ora, o direito de resposta serve justamente para que duas versões possibilitem ao leitor ser informado de forma completa. Claramente, a decisão nesses termos era censória.

Não foi a única vez que isso ocorreu, acontece toda hora. Já houve até mesmo sentença com pedido de exclusão deferido sem que a parte autora tivesse pedido. E foi engraçado, pois, nesse caso, o autor era um político conhecido, e meu cliente, um jornalista igualmente famoso. O advogado do político, que eu conhecia, me ligou, desesperado: "Marsiglia, não divulga essa decisão na imprensa! Meu cliente não quer parecer censor, só queremos o deferimento do direito de resposta. Eu mesmo vou pedir que o juiz reconsidere." Quer coisa mais sem sentido? Porém, foi assim. O advogado do autor teve de peticionar pedindo que o juiz voltasse atrás em uma decisão favorável a seu cliente, mas que dera sem ninguém pedir, provavelmente por hábito, de tão acostumado que devia estar com dar liminarmente a exclusão do conteúdo. Pior: de tão acostumado que devia estar em deferir esse tipo de pedido sem sequer ler a inicial; afinal, não se atentou ao que era requerido.

Uma vez, em bizarrice semelhante a essa, o autor pediu a exclusão do conteúdo do site de um jornal. O juiz, liminarmente, sem a defesa ter sido sequer apresentada, indeferiu o pedido, dizendo não haver razão para exclusão do conteúdo; no entanto, redigiu ele mesmo — o juiz — um texto alternativo que lhe pareceu ser nem lá nem cá, como uma espécie de meio-termo, para contentar as duas partes. Obviamente, recorremos da decisão ao Tribunal de São Paulo, que, para minha imensa surpresa, manteve a decisão, dizendo que o juiz não estava inovando, estava apenas concedendo menos do que havia sido pedido. Ou seja, entre deferir e indeferir um pedido, nossos juízes teriam, para o Tribunal de São Paulo, o poder de redigir matérias jornalísticas como se jornalistas fossem. O caso está em Brasília, aguardando para ser julgado.

Em caso que não é de cliente meu, mas me espantou como se fosse, levando-me a escrever artigo para a imprensa a respeito, a Associação Nacional de Juristas Islâmicos (ANAJI) entrou na Justiça para que os músicos Xande de Pilares e Ferrugem fossem obrigados a alterar na letra da música *Me Abraça* trecho que possuiria conotação preconceituosa e estigmatizante. O Judiciário de São Paulo acolheu o pedido e determinou que os cantores e compositores editassem a obra no prazo de trinta dias, sob pena de multa. O trecho controverso da canção é o seguinte: "Pra que bombardeio, pra que engatilhar? Aqui não é Irã, ou Islã, Bagdá. Foi só um mau tempo que ainda dá tempo. Desarma essa bomba em nome de Alá."

Nesse caso, o juiz não redigiu a canção para os músicos, mas tomou posição semelhante à dos censores de nosso regime militar passado. Na época, colocavam um "X" em letras de canções ou exigiam que determinados termos fossem excluídos ou substituídos para a música ser liberada. Histórias que ouvimos como se estivessem em um tempo distante, e não nas manchetes dos jornais de hoje. Temos nos tornado incapazes de enxergar a arte como uma abstração criativa, que não pode ser interpretada de forma literal. A arte é ficção, e ficção não é passível de ser ilícita. Um assassinato em um filme, um personagem racista em uma peça de teatro, ou na piada de um comediante não existem de verdade. Se não enxergarmos isso, correremos o risco de nos tornarmos moralistas e tolos, de perdermos todo o senso do ridículo.

Há uma velha anedota que conta que um manipulador de ventríloquo, durante o espetáculo, pela boca do boneco, começou a xingar a plateia. Um dos espectadores, exaltado, dirigiu-se ao palco aos berros. O manipulador pediu que ele retornasse a seu assento, desculpando-se, e o espectador lhe disse: "Cale a boca que estou falando com o boneco." Não podemos nos transformar nessa pessoa da plateia, lidando com a ficção como se realidade fosse. O Judiciário editar textos jornalísticos ou mandar alterar canções é censura, mas é também uma imensa arrogância acreditar que podem nos dizer qual texto ler, qual canção ouvir, ou de que forma soam melhor a ouvidos e olhos dos cidadãos.

Talvez sejam esses lamentáveis casos decorrência direta do arbítrio de nossas Supremas Cortes, inflado pelo advento do Inquérito das *Fake News* a partir de 2019. Quando a censura e o descalabro contra direitos fundamentais como a liberdade de expressão e de imprensa se tornam regra no seio de nossa Corte Constitucional, o juiz de primeira instância se sente autorizado a fazer o mesmo, ou pior. A censura no país nunca deixou de ser uma realidade, mas talvez tenha se tornado nos últimos anos uma epidemia. Daqui a quinze ou vinte anos, sobrarão decisões e precedentes péssimos e uma jurisprudência agressiva surgida e mantida pelo Judiciário, em especial por nossa Suprema Corte.

XXV

NO PERÍODO ELEITORAL, a censura também se tem feito muito presente no Brasil, sempre sob a justificativa de que desinformação e *fake news* são um imenso perigo para a sociedade e colocam em risco a democracia. O mesmo mote que originou o Inquérito das *Fake News* para controle da opinião pública nas redes sociais tem servido para controle do debate eleitoral. Um bom exemplo disso é a interpretação que se tem feito do artigo 9º-A da Resolução 23.671/2021 do Tribunal Superior Eleitoral que diz ser *"vedada a divulgação ou compartilhamento de fatos sabidamente inverídicos ou gravemente descontextualizados que atinja a integridade do processo eleitoral"*. Ou seja, a Resolução entende como ilícita a divulgação de conteúdo "sabidamente inverídico". Dessa forma, os fatos devem ser sabidos como inverídicos pelo agente da conduta, quando da divulgação. São ilícitos os fatos que o agente sabe serem inverídicos e ainda assim assume o risco de os divulgar.

Parece claro, mas não é. O que mais tem acontecido nas eleições é juízes usarem o artigo para dizerem que um conteúdo deve ser retirado em razão de haver consenso da opinião pública sobre a inveracidade de uma informação. E o consenso é obtido do veredito de uma ou outra agência de checagem que, com interesses políticos ou comerciais indisfarçados, se manifesta sobre o tema.

A censura está em todos os lugares. Quem dirá, por exemplo, ser possível encontrar censura no registro de uma marca? Pois, no Brasil, encontra. Alguns anos atrás, a obra *O Pequeno Príncipe* tornou-se de domínio público. Ou seja, como seu autor, Antoine de Saint-Exupéry, morrera havia setenta anos, a lei brasileira conferia a qualquer um o direito de publicar a obra sem se preocupar em ter de pagar direitos autorais aos herdeiros do escritor. A lei brasileira é semelhante à de boa parte do mundo a respeito do tema, então, praticamente no mundo inteiro a obra estava liberada. Menos na Inglaterra, pois por lá parece que o livro foi publicado com acréscimos de um coautor, e nesse caso, para que a obra se tornasse de domínio público, seria necessário que o coautor tivesse morrido havia setenta anos também. Enfim, tirando a Inglaterra, a obra estava livre do pagamento de direitos autorais.

Pois bem. No Brasil, sempre no Brasil, uma associação que representava Exupéry passou a registrar uma a uma as frases do livro como se fossem marcas. Frases de livro são protegidas pelo direito autoral, não são marcas. Porém, como o domínio público retiraria dos herdeiros o benefício do direito autoral, a saída pela tangente foi registrar as frases do livro inteiro como se cada frase fosse uma marca. Feito o pedido de registro, a associação passou a notificar uma a uma as editoras que estavam publicando o livro, informando que não tinham o direito de fazê-lo sem pagar aos herdeiros. Recebi no escritório boa parte dessas editoras e, a pedido delas, fiz um parecer recomendando basicamente que seguissem com a obra, e que se a publicação livre de direitos autorais fosse impedida pelo Judiciário seria caso de evidente censura a ser enfrentada.

XXVI

O AUTORITARISMO É também muito comum em processos que envolvem liberdades de expressão e imprensa e tramitam em juizados especiais cíveis e criminais. Uma vez, em um juizado criminal, o juiz não queria permitir que eu recorresse de sua sentença. Uma total loucura. Nos juizados cíveis, os adversários dos jornalistas quase sempre colocam no polo passivo do processo apenas o jornalista, não a empresa em que ele trabalha, porque pela leitura do artigo 20 da Lei 9.099/95, em caso de ausência do demandado, julga-se o processo a sua revelia, presumindo os fatos alegados pelo autor como verdadeiros.

Isso acontece porque a sistemática dos juizados pressupõe a insistência na conciliação das partes, razão pela qual exige o comparecimento de todos para diálogo. Na prática, é uma pataquada que serve apenas para a parte autora embaraçar a vida do jornalista que precisará comparecer pessoalmente à audiência no fórum do lugar de residência do autor, seja lá em que fim de mundo for.

Além disso, a regra dos juizados é suas decisões interlocutórias serem irrecorríveis. Ou seja, se um juiz defere liminarmente que uma reportagem deverá ser suspensa em vinte e quatro horas, não há recurso previsto no ordenamento brasileiro contra a decisão. No máximo, pode-se ajuizar uma Reclamação Constitucional ao STF, alegando violação à autoridade da ADPF 130.

Hoje em dia, é muito comum se escrever que a prática de ajuizar processos múltiplos contra uma pessoa só, em diferentes localidades, deve ser chamada de *assédio judicial*. Não é correta a definição. Em juizados, o assédio pode ser perpetrado com o ajuizamento de um único processo, pois ele certamente servirá para constranger os jornalistas.

Há um político ainda hoje muito conhecido do Paraná que tinha esse costume. Um de seus demandados preferidos era um jornalista importante de São Paulo, âncora de um jornal famoso. O político ajuizava ações sempre em juizados especiais de seu Estado, e não colocava no polo passivo a empresa em que o jornalista trabalhava, apenas o jornalista, tudo conforme comentei há pouco, o que gerava um imenso embaraço, pois ele tinha que sair toda hora de seu trabalho, pegar um avião, ir e voltar, deixando, assim, de ancorar o jornal daquela noite.

Certa vez, fomos consultados sobre o que seria possível fazer e costuramos uma estratégia para acabar com a festa judicial do político. Começamos a justificar a impossibilidade de participação do jornalista às audiências de forma reiterada. O político autor comparecia, o jornalista, não, e o ato era adiado para data futura. Uma, duas, não sei quantas vezes. Estávamos em guerra. Havia audiência, haveria ausência justificada. Adiando-se infinitamente a audiência e impondo ao próprio autor da ação o deslocamento inútil ao fórum, vencemos pelo cansaço. O juiz, exausto, acabou por julgar o caso a nosso favor, sem a realização da audiência. Com isso, o político também desistiu da artimanha. Nunca mais a repetiu.

Esse jornalista possuía a sua disposição uma estrutura jurídica robusta concedida pela emissora de tevê em que trabalhava, mas a realidade do jornalismo no Brasil não é essa. Quem marotamente ajuíza ação envolvendo liberdade de expressão e de imprensa nos juizados, tendo a seu dispor soluções alternativas, concentra em si o ato de poder censurar, pois, diante de tamanhos contratempos, termina impondo ao demandado algum tipo de constrangimento.

Chega a ser inacreditável que nenhum parlamentar afeito à temática das liberdades de expressão e de imprensa até hoje tenha se dedicado a fazer um projeto de lei que vede tais temas nos juizados ou, no mínimo, altere sua dinâmica absolutamente nociva aos que se encontram processados.

XXVII

NEM TODOS OS CASOS de censura são midiáticos. Por muitos anos fui consultor jurídico da ONG Repórteres sem Fronteiras, e participei de diversos projetos da entidade ao lado de Emmanuel Colombié, excelente jornalista e dedicado diretor da entidade.

Enquanto Emmanuel, que era francês, esteve no Brasil e à frente da entidade, estive também próximo de seus projetos e ideias. Eu o conheci em Brasília, em 2019, durante um congresso do *Portal Imprensa* sobre censura; ambos éramos palestrantes, e alguém nos apresentou. Ficamos conversando por horas.

Peguei um avião de volta a São Paulo, e ele ao Rio de Janeiro, onde trabalhava e residia. Um dia, convidado por Emmanuel, fui ao Rio para pensarmos projetos juntos. Saí de lá com o desenho de um projeto grande de prestar auxílio a jornalistas censurados e também com um contrato para que eu orientasse juridicamente a entidade no Brasil com a redação de notas à imprensa. Pensávamos parecido sobre a RSF ter projetos próprios e uma visão sobre censura independentemente de qualquer polarização ideológica e política.

A experiência com a RSF foi, de fato, rica. Em um país de dimensões gigantes como o Brasil, com tanta desigualdade econômica, é possível haver ameaças inimagináveis ao jornalismo praticado fora dos grandes centros urbanos. Uma decisão judicial, por exemplo, condenando um jornalista a uma indenização singela de R$ 5 mil pode inviabilizar seu trabalho e até mesmo o amedrontar de modo a que desista de suas funções. Muitas vezes, deparei com políticos locais sequestrando jornalistas, torturando-os e até mesmo os matando. Nos grandes centros, muitas vezes, nem sequer ficamos sabendo desses fatos.

Por diversas vezes, ouvi jornalistas dizendo: "Não sei se quero continuar", "Não sei se vale a pena".

Acontece que nesses lugares, chamados *"desertos de notícias"*, não há grupos organizados de profissionais de imprensa. Pense o leitor que uma cidadezinha nos confins de um Estado, distante dos grandes centros, não terá cobertura de uma grande emissora de tevê ou rádio. Mesmo uma tevê afiliada que possa produzir matérias locais tratará de questões que interessem àquele Estado, não àquela específica cidadezinha. Se o jornalista independente deixa de cobrir o prefeito da cidade, as pessoas estarão abandonadas e submetidas a sua política corrupta.

Pude ver de perto a necessidade desses jornalistas e o esforço de pessoas como Colombié para se colocar à disposição dessas pessoas, enquanto a maior parte das entidades que dizem apoiar jornalistas está, na verdade, mais preocupada com fazer política ou com casos de censura de grande impacto nacional, justamente os casos que não precisam de nenhum apoio de entidades.

Para boa parte dos jornalistas independentes que vivem nos desertos de notícias, não faz o menor sentido falar em "brigar" para manter o conteúdo no ar e recorrer até o fim, não faz sentido dizer que o caso precisa ser levado a Brasília por meio de Reclamação Constitucional. Não há dinheiro para isso. Conheço alguns jornalistas que com muito esforço estão se formando em faculdades de direito para poderem se defender sozinhos, para que não precisem gastar com advogados. Onde está, nesses casos, a maior parte das entidades de apoio a jornalistas? Eu respondo: em Brasília, fazendo política ou soltando notas de repúdio absolutamente inúteis.

É uma triste realidade, mas em um país como o Brasil, as pessoas que possuem maior capacidade financeira também são as que têm maior capacidade de usufruir de seus direitos constitucionais à liberdade de expressão e, sobretudo, de lutar por eles. Para boa parte dos jornalistas que atuam e residem nos desertos de notícias, o que estamos tratando neste livro são problemas de uma elite. Para eles, ser censurado não é o pior que podem ter de encarar. Para eles, censura é um luxo.

XXVIII

ESTAMOS FALANDO MUITO de censura judicial por serem os casos que mais afetam jornalistas e permitiram uma atuação mais efetiva minha como advogado, mas tenho de reconhecer que tem se tornado também muito comum a censura promovida por particulares. De forma semelhante aos juizados, em que o ato de censura se concentra no ato malicioso da parte, usando o sistema do Estado, é a dinâmica do *denuncismo* e do *cancelamento*.

Denuncismo é quando o Judiciário é utilizado para constranger o denunciado, sendo a mera existência da denúncia a razão de ser do constrangimento, seja qual for seu resultado jurídico efetivo. Nesses casos, a denúncia não precisa resultar em alguma sanção judicial para que surta o efeito pretendido. Trata-se inequivocamente de um empreendimento censório do denunciante.

Pouco se trata no Brasil sobre a prática do *denuncismo* relacionado à inibição do exercício das liberdades de expressão, de reunião e de imprensa. No início de 2023, o periódico francês *Le Monde* trouxe o tema à superfície e mostrou que havia um número exagerado nas denúncias sobre participantes dos atos do dia 8 de janeiro no Brasil. Fui entrevistado pelo jornal e mostrei os riscos dessa prática.* Também escrevi artigo a esse respeito, quando, nesse mesmo ano, parlamentares

---

* https://www.lemonde.fr/en/pixels/article/2023/01/19/after-the-riots-in-brazil-the-hunt-for-insurrectionists-continues-on-social-media_6012102_13.html

brasileiros passaram a denunciar seus adversários ao Inquérito das *Fake News*, do STF, buscando fazer com que, em razão de suas falas, fossem investigados por Moraes.*

A utilização da denúncia como forma de constranger jornalistas é bastante antiga. Sempre foi comum serem levados à delegacia para prestar informações a respeito do que escrevem. Se o jornalista assina o texto ou há um editor responsável pelo veículo de comunicação, e os fatos estão lá, escritos, expostos, não há o que investigar, é um claro abuso forçá-lo a ser ouvido. Levar o jornalista à delegacia é, por si só, um ato de poder que serve para constranger e gerar autocensura.

Já contei neste livro que foi exatamente esse o contexto em que conheci o jornalista Mario Sabino quando, em 2016, o político Lula chegou a montar o site chamado *A Bem da Verdade*, em que expunha jornalistas que estava processando, inclusive os que ele carregava à delegacia para serem ouvidos.**

Enquanto advogado dos jornalistas Mario Sabino, Diogo Mainardi e Claudio Dantas, tive de enfrentar na delegacia a bizarra acusação de que, ao fazerem seu trabalho, os profissionais cometiam o crime de associação criminosa (artigo 288 do Código Penal). Ou seja, Lula alegava que estariam se juntando não para exercício de seu ofício jornalístico, mas para cometer crimes contra sua honra. Por me parecer a acusação uma ofensa à atividade jornalística como um todo, impetrei *habeas corpus*, e o inquérito contra eles foi trancado.

São infindáveis os casos de jornalistas que tive de acompanhar a delegacias para que explicassem que seu ofício não é criminoso.

• https://crusoe.uol.com.br/edicoes/256/o-denuncismo-chega-aos-inqueritos-do-stf/
•• https://www.infomoney.com.br/politica/lula-lancara-o-site-a-bem-da-verdade-que-mostrara-processos-contra-jornalistas/amp/

Exatamente o mesmo ocorre no chamado *cancelamento*, quando o poder concentrado se encontra nas mãos da sociedade civil e a censura ou autocensura não são resultado da força estatal, mas do desgaste imposto por particulares à reputação pública do cancelado, ou a seus proventos, com estímulos incessantes para que perca emprego, seja processado, ou, no caso de pessoas famosas, perca patrocínios de empresas.

Não se trata o cancelamento de um comportamento espontâneo. Por isso o cancelamento é censura. Há uma reação programada por movimentos coordenados, com imensa influência nas redes sociais, sobretudo para arrebanhar as pessoas a reagirem e promoverem uma verdadeira campanha contra a pessoa a ser cancelada. Quando se trata de pessoa pública, além de o cancelado ser denunciado a seus patrões, busca-se atingir também seus patrocinadores e aliados midiáticos. O poder centralizado em alguns desses movimentos é mobilizado para inibir, suspender ou banir a voz de alguém em uma espécie de "tempestade de indignação", ou "tempestade de merda" — *shitstorm*, como diz o filósofo sul-coreano Byung-Chul Han.* Uma espécie de refluxo comunicativo, uma onda que gera deslocamentos de poder do cancelado para o cancelador. Não dura, mas deixa estragos.

A depender da intensidade do ato, muitas vezes os grupos canceladores conseguem promover até mesmo o banimento completo da reputação pública do cancelado, excluindo-se não somente a manifestação controvertida da pessoa, mas a própria pessoa do ambiente público ou político, inibindo que volte a existir como uma voz ativa ou detentora

---

* HAN, Byung-Chul. *No Enxame: Perspectivas do digital*. Petrópolis, Rio de Janeiro: Editora Vozes, 2018.

de alguma credibilidade. Nesses termos, o cancelamento passa a ser uma espécie de extorsão, em que o cancelado tem seus valores sequestrados e só os recupera após a expiação pública. Não se pode, nesses casos, dizer que exista uma intenção ética.

Han dirá, com razão, que a ética necessita de estabilização, de permanência, o que não ocorre nas ondas canceladoras. Nem ao menos pode ser dito se tratar de uma onda vingadora, pois mesmo a vingança possui um fundo moral que intenciona recompor algum *status quo ante*, ainda que apenas na fantasia do agente da vingança. Mas nem isso há no cancelamento.

Nele não há intenção de reestruturação, não há vontade de recomposição, apenas de exclusão. A eventual recondução do cancelado ao ambiente público não ocorre pelo gesto cancelador, mas pela passagem do tempo, pelo esquecimento do ato e da *tempestade*. Em alguns casos, pela rendição do cancelado a grupos canceladores: aderindo a sua cartilha, pedindo desculpas públicas, fazendo cursos de reciclagem indicados por esses grupos ou até mesmo contratando assessoria de comunicação, não raramente oferecida pelos próprios canceladores.

A censura, neste caso, poderá ser tanto conservadora quanto progressista, tanto advinda de ideologias de direita quanto de esquerda. Quando a censura buscar pela força recompor o mundo, será conservadora; quando se aproveitar da dispersão de valores da modernidade para impor pela força novas pautas para a sociedade, calando as vozes dissonantes, será progressista. Tanto a censura progressista quanto a conservadora serão gestos autoritários e nocivos, independentemente de sua intenção e ideologia. Não há censura boa, não há censura do bem, não há censura para o progresso, nada justifica a censura em uma democracia que pretenda ser levada a sério.

Seja como for, fica claro que não podemos afirmar ser a censura sempre um ato de força estatal, seja do Executivo, seja do Judiciário. Nem sempre estatal, nem sempre um ato de força, aliás.

A *autocensura* expõe esse fato talvez de forma mais competente do que qualquer outro exemplo. O que é autocensura? A censura que aceitamos, acreditando que se evitarmos dizer, fazer ou deixar de fazer algo nos livraremos de vir a sofrer determinadas experiências desagradáveis futuras. O gatilho para o início de seu processo de existência será, sem dúvida, um ou mais atos promovidos pelo poder concentrado de alguém da esfera pública ou privada.

No entanto, a força e o ato concentrado de poder desse terceiro ou de terceiros são apenas uma suposição. Nesse caso, quem exerce o papel imediato de censor é o próprio censurado, somos nós mesmos; ou melhor: nosso medo. Em casos de autocensura, a força é uma ameaça, não sua razão de ser — tem um efeito secundário.

XXIX

E JÁ QUE ESTAMOS às voltas com conceituar censura, creio que devo ao leitor, antes de fechar o livro, e após passarmos juntos por tantos casos e histórias de atuação contra a censura, uma definição mais palpável de tudo que vi e aprendi a respeito do que afinal entendo ser censura.

Censura se transformou numa expressão qualquer. As pessoas utilizam o termo com certa displicência para se referir a atos que entendem ser de restrição ao exercício de suas liberdades. Sendo o Brasil um país historicamente autoritário, nunca soa absurdo dizer que uma autoridade censurou este ou aquele discurso, deste ou daquele profissional.

Quantas vezes não escuto pessoas se dizendo censuradas por terem sido expulsas de determinada festa para a qual não haviam sido convidadas? Quantas vezes determinadas pessoas querem ter voz em microfones para os quais não foram chamadas? Quantas vezes leitores de jornais dizem que seus comentários foram censurados, quando, na verdade, não foram publicados por serem abusivos? Quantas vezes pessoas dizem que o espaço em determinado veículo não lhes foi dado, quando, na verdade, o jornal apenas não possuía interesse editorial no que tinham a dizer?

Recordo-me, certa vez, em uma palestra numa empresa, de um determinado alguém erguer a mão e dizer a sério: "Professor, estou sendo censurado por meus colegas, não me chamam nunca para almoçar." Um de seus colegas retrucou: "Ele não é chamado para almoçar porque é chato."

    É provável que seja chatice e não censura o caso dele. Se aceitarmos que tudo e todos podem se dizer censurados, sem nenhum requinte teórico acerca do que é, tecnicamente, a censura, corremos um sério risco de nos tornarmos absolutamente insensíveis ao conceito. Afinal, o que nos ocorre com frequência, o que vive no meio de nós sem cerimônia, tende a ser naturalizado e, aos poucos, torna-se aceitável. E aceitar conviver com a censura é rejeitar seu valor oposto: a liberdade.

    Nas sociedades modernas, conceitos abstratos como "liberdade", "igualdade", "justiça" parecem ter desistido de se mostrar no plano concreto. Amin Maalouf, em *O Naufrágio das Civilizações* (2020, p.188), acerta o alvo ao dizer que, em nossas civilizações modernas poucos ainda consideram tais valores como efetivos. No entanto, acrescento, seria desejável que pudessem seguir sendo ao menos uma referência moral simbólica.

DE SAÍDA, posso dizer que censura não é a simples restrição do direito de alguém a se expressar da forma que bem entender. Não basta haver uma restrição à liberdade de se expressar ou de se manifestar: para ser considerada censória, a restrição precisa ser indevida. Pois bem, mas do que estamos falando quando utilizamos os termos "restrição" e "indevida?" A precisão conceitual é importante, pois se a noção de *restrição indevida* é o caminho para se revelar a existência da censura, é necessário que saibamos muito bem do que estamos falando.

Neste livro tratamos essencialmente das liberdades de expressão, todas elas: artística, acadêmica, religiosa, de imprensa, ou seja, a garantia constitucional do ordenamento jurídico dos países democráticos, dentre os quais o nosso, de, sem intervenção direta ou indireta, prévia ou posterior do Estado, alguém manifestar-se individual ou coletivamente a respeito de algo. Dessa forma, a *restrição* — potencialmente censória — será aquela que *impede* ou *inibe* um ou mais receptores de terem *acesso* à íntegra da *informação* ou da *opinião* de alguém, ou que aquele que se expressa seja *impedido* ou *inibido* de ter acesso à *informação* necessária para que um conteúdo chegue a seu destinatário de forma íntegra e integral. Ou seja, inteira e intacta, sem alterações promovidas por quem quer que seja.*

---

* Neste ponto, é necessária uma ressalva, diferenciando o texto narrativo do opinativo. Este último, naturalmente, cultiva maior subjetividade e a visão particular de

No caso de um jornalista, por exemplo, a restrição potencialmente censória é aquela que o impede de ter acesso a alguma informação necessária para que sua reportagem chegue completa ao leitor, ou a que faz com que seu texto não chegue ao leitor, por alguma razão, ou chegue amputado de sentido, ou faz com que seu autor sofra algum tipo de inibição ou constrangimento ao insistir em publicá-lo.

Nesse caso, a restrição pode ser praticada no âmbito judicial ou administrativo, tanto faz. Se o jornalista for impedido ou inibido de ter acesso à informação para escrever seu texto, ou for impedido ou inibido de publicá-lo, estaremos diante de uma restrição potencialmente censória. Nesse caso, potencialmente será violada sua liberdade de expressão, que, no âmbito do jornalismo, chamaremos de liberdade de imprensa.*

Se entendemos o que é "restrição", cabe entender quando ela seria "indevida": seria quando se escolhe restringir a liberdade a despeito de outra solução possível tão ou mais efetiva. Suponhamos uma situação na qual um juiz de direito tem diante de si o exame de um processo judicial em que existe uma solução eficaz alternativa para recompor a lesão, mas escolhe a reparação pela restrição do discurso. Nesse caso, estamos diante de um potencial ato censório. Em

---

mundo de seu emissor, devendo o Estado se abster de restringi-lo ainda com maior força. Se impedir um texto narrativo pode configurar censura, impedir um texto opinativo, além de ser censura, ainda faz o Estado incorrer em violação do artigo 37 da Constituição Federal, que impõe ao Estado o dever de impessoalidade. Se impedir uma manifestação opinativa, o Estado dirá ao particular qual visão de mundo ele deve ter, algo absolutamente intolerável, pois o Estado possui constitucionalmente o dever de não impor visão alguma de mundo a qualquer de seus cidadãos.

* Perceba o leitor que reparto as possibilidades de restrição indevida a um texto em "impedir" ou "inibir". Não se trata de sinônimos. A inibição não impede o texto de circular, mas faz com que circule amputado de sentido. No direito constitucional norte-americano, o fenômeno é chamado de *efeito inibidor*, ou *chilling effect*.

outras palavras, estou dizendo que a restrição de um discurso é indevida se for possível uma solução alternativa menos gravosa que a restrição.

Agora é hora de dizer que nem toda restrição indevida é censura e avançar mais um pouco em nossa conceituação. Mesmo que estejamos diante de uma restrição indevida, ainda assim, não significa que esta seja censura. Há uma chance grande, mas ainda não podemos bater o martelo com toda a certeza.

Para que seja censura, é necessário que: o autor da restrição, aquele que a promove, possua o poder de adotar soluções alternativas tão ou mais eficazes para recompor a lesão ou potencial lesão causada pelo discurso e, ainda assim, escolhe aplicar a restrição indevida. Em outras palavras, se a fonte emanadora da restrição indevida tiver poder para evitá-la e mesmo assim não o fizer, intencionalmente ou não, estaremos enfim diante da censura.

Pois bem, tenho defendido até aqui que a censura implica o ato censório resultar obrigatoriamente da negligência em relação a alternativas tão ou mais eficazes para solucionar a lesão ou potencial lesão advinda de um discurso. Com isso, é fundamental um novo questionamento: quem é legitimado para ser autor de um ato censório? Qualquer pessoa capaz de um *ato de poder centralizado*, lembrando que a censura não emana exclusivamente do poder público, seja ele representado pelo Poder Executivo, Judiciário ou Legislativo, podendo ser cometida por pessoas ou entidades privadas.

Um ponto importante em nossa conceituação é que o ato do censor não precisa ser intencional, podendo ser involuntário, cometido por erro ou ignorância. A única exigência feita à caracterização do censor é que o poder esteja concentrado em suas mãos, ou nas mãos de um grupo de pessoas ao qual pertence, decidindo em seu nome ou em nome de algum órgão.

Por mais que a censura possa ser dispersa, ou seja, não estar localizada obrigatoriamente no exercício do Poder Executivo, Legislativo ou Judiciário, tampouco neste ou naquele órgão administrativo, nesta ou naquela pessoa apenas, não podemos, para tratar da censura na modernidade, emprestar o conceito de sociedade líquida do sociólogo polonês Zygmunt Bauman. A censura não é jamais líquida, pois se solidifica necessariamente num ato concreto e concentrado de poder que a representa. A restrição a discursos que não se concentra concretamente em um ato de poder não é censura. No máximo, como já mencionado, é autocensura. A censura é sempre personificada em alguém ou em algum grupo. Há sempre um ato coator concentrado em uma decisão para que a censura possa existir.

Portanto, quando Luiz Felipe Pondé escreve o artigo "Só Sendo Irrelevante Você Escapa da Censura Líquida de Hoje"* e afirma existir uma espécie de censura a que ele também já havia chamado de invisível, senti-me na necessidade de escrever um outro artigo, "Pondé e a Censura Líquida que Secou", para o refutar,** procurando mostrar que não estamos diante de nenhuma invisibilidade ou liquidez censória.

A sensação de invisibilidade da censura não significa que seja invisível, mas que sua percepção na modernidade é mais complexa. Afinal, são muitos os eixos de poder e de expressão existentes na era tecnológica e informativa em que vivemos, sendo também muitos os eixos da censura. Mas a

---

* https://www1.folha.uol.com.br/colunas/luizfelipeponde/2023/05/so-sendo-irrelevante-voce-escapa-da-censura.shtml
** https://crusoe.uol.com.br/edicoes/265/ponde-e-a-censura-liquida-que-secou/

dispersão não significa invisibilidade, justamente por podermos sempre identificar a censura concentrada na decisão de poder de alguém ou de um grupo.

Talvez Pondé sinta que a censura antigamente era visível e hoje não, em razão de o passar do tempo tornar os traços de desproporcionalidade e irrazoabilidade da censura mais escandalosos, fazendo-nos acreditar que a censura de antigamente era mais palpável que a de hoje.

A censura não é obrigatoriamente um ato doloso; para que seja, o censor terá de ter ciência de que está a sua disposição uma evidente e conhecida melhor alternativa e, ainda assim, de forma deliberada, escolher a exclusão ou a suspensão do conteúdo, inibir a manifestação ou dificultar o acesso a informações que viabilizem a manifestação posterior de alguém. Nesse caso, a censura é dolosa, e a atitude do censor (entendo eu) lhe acarreta responsabilização pessoal.*

Ronald Dworkin, em sua obra sobre a igualdade,** ao ponderar acerca das formas de se encarar o tratamento da vida pela medicina, a respeito de quanto se deve investir em uma vida por parte do Estado para que trate seus cidadãos com igualdade compatível com o esperado das sociedades

---

* Embora nunca tenha sido imputada responsabilidade a nenhum agente público pela promoção de censura, entendo que o agente público que promove dolosamente censura, ou que havendo alternativas a ela as ignora, enquadra-se no que nossa legislação chama por "desvio de poder". Segundo José Cretella Júnior (1964, p. 73), o desvio é quando o agente público, embora competente para a prática de um ato, faz uso de sua autoridade para atingir finalidade diversa daquela que a lei preceituou. Para saber mais sobre o tema, recomendo leitura do artigo disponível em: https://www2.senado.leg.br/bdsf/bitstream/handle/id/194923/000865586.pdf?sequence=3&isAllowed=y#:~:text=Ocorre%20desvio%20de%20poder%20quando,o%20desvio%20do%20poder%20discricion%C3%A1rio. Acesso em: 22 de agosto de 2023.
** DWORKIN, Ronald. *A Virtude Soberana: A teoria e a prática da igualdade*. São Paulo: Martins Fontes, 2005, p. 446.

modernas, pontua dois princípios: o do resgate e o do seguro prudente. Pelo primeiro, a sociedade deve oferecer tratamento a seus cidadãos sempre que houver possibilidade, mínima que seja, de salvar uma vida; pelo segundo, o do seguro, equilibra o valor do tratamento médico com o do benefício dele obtido, e raciocina se o melhor não será investir-se na vida ainda saudável do que em posteriores tratamentos duvidosos, o que a medicina chama de "tratamentos heroicos". Pois bem, o que disso importa a nosso tema? A questão posta é que somente se deixaria de preservar a vida se o benefício obtido por sua não preservação não for tão grande quanto o obtido por sua preservação.

Se nos valermos da argumentação de Dworkin e nos permitirmos uma analogia entre o direito à vida e outro fundamental, o direito à liberdade de expressão, será possível concluirmos que, diante do dilema sobre banir ou não uma publicação ou seus trechos, o Judiciário deve preservar a vida do texto ao máximo, ou buscar o benefício mais útil a sua preservação, apenas banindo-o ou retaliando-o se a desejada harmonização for realmente impossível. O ato de banir, que seria o mesmo que deixar morrer, precisa realmente ser proporcional ao benefício causado para que haja justiça.

Se formos juízes, não poderemos pensar apenas no benefício ofertado àquele que se sente ofendido com um texto, mas também naquele que se sentirá ofendido com a ausência de publicação de seu texto e naquele que se ofenderá com a ausência de acesso à leitura do texto de um autor. As decisões judiciais que não levam em conta esse ponto não consideram o necessário equilíbrio entre a brutalidade da interferência em um texto e o benefício causado pelo banimento ou a suspensão de um conteúdo.

Acreditam se valer do critério do equilíbrio e da proporcionalidade, mas o fazem apenas em relação ao ofendido pelo texto, e não ao ofendido por seu texto deixar de ser publicado ou ao ofendido por não poder ler o texto.

XXXI

MAS PARA ALÉM da ignorância e do autoritarismo enraizado em nossa cultura, será que a censura tem se tornado epidêmica por alguma outra razão? Sim, por razões políticas, e nesses casos, temos pela frente o pior dos censores: o ideologicamente convicto.

Há pessoas que não concebem o mundo moderno a partir da expressão livre, do somatório de ideias contrárias capazes de resultar em um ambiente público enriquecido, baseando-se na crença de não existir mais um debate público de qualidade. As casas parlamentares e os jornais estariam recheados de opiniões privadas que não gozam de interesse público. Teríamos, portanto, um debate que se constrói com base em opiniões privadas. E, se a liberdade de expressão foi pensada em sua origem para proteger ideias públicas, ideias privadas não interessam, não importam e não podem ser alvo da proteção constitucional à liberdade de expressão. Se aceitável esse argumento, o que chamamos neste livro de censura seria, na verdade, apenas uma certa higienização de um ambiente público atolado de discursos privados irrelevantes.

O próprio Ronald Dworkin, mais próximo do progressismo, chega a afirmar que o ódio e o discurso violento se tornaram intoleráveis aos olhos de certas pessoas e fizeram com que tentassem, e venham tentando, conciliar a liberdade de expressão e de imprensa com uma espécie de aceitação da censura.*

O exercício possível da liberdade de expressão tem passado a ser visto na modernidade como declarar algo sem agredir, sem contrariar, sem importunar. Diante dos discursos de ódio nas redes sociais, da desinformação, da mentira, da falta de educação, da ausência de um Estado amigável para as pessoas, o controle do discurso parece uma espécie de unguento. Na era comunicacional, em que o excesso informativo é uma realidade, controlarmos o discurso que circula nas redes sociais, em serviços de mensagem e na imprensa, serve de alento.

Chegamos a um ponto em que a censura, quando identificada, é aceita como um instrumento de ordem. A liberdade de expressão formada nesse contexto não é liberdade, não é livre, torna-se um conceito com finalidade específica que não é mais a de gerar debate, de dar-se ao confronto, mas a de concordar, harmonizar, uma espécie de liberdade de expressão com Rivotril, dopada pelo discurso amoroso, no sentido mais piegas possível do que alguém pode considerar o amor. Uma liberdade com finalidade é mera propaganda representada pelo Estado, que terá a prerrogativa de interpretar o que é a democracia à qual a liberdade de expressão estará adstrita. De fato, discursos de ódio e agressivos geralmente são de interesse privado, e nem por isso são inúteis ao debate, de modo a respaldarem a censura.

Trata-se muito de diversidade e identitarismo na atualidade. A quantidade de tribos é imensa e diversa; no entanto, dentro das tribos, é aceito apenas quem e o que possui

---

* DWORKIN, Ronald. *O Direito da Liberdade: A leitura moral da Constituição norte--americana*. São Paulo: Martins Fontes, 2019.

afinidade com elas. Há uma diversidade de grupos, mas os grupos não promovem, na maior parte das vezes, diversidade para além de suas visões exclusivistas sobre si. Combate-se, por exemplo, não apenas a tourada, mas os que gostam de tourada, os que falam de tourada, os que escrevem sobre tourada, os que argumentam a favor da tourada, os que veem beleza na tourada. Não se combate em benefício do touro, mas em benefício de uma visão egoísta do mundo e contra a visão de tudo aquilo que representar o diferente, o outro. O discurso sobre a tourada, na visão das tribos que lhes fazem oposição, tem de ser banido tanto quanto a existência do evento tourada.

É uma lógica econômica. Nas redes sociais, apenas coisas agradáveis são apresentadas para que o usuário compre mais produtos de seu agrado, mas o mercado não inventa a lógica do mundo, ele a detecta. E o mundo de hoje se estabeleceu na linha mestra de que o homem moderno se sente bem com ele e apenas com o que é semelhante a ele. As redes sociais e seus algoritmos não inventaram nada, apenas entenderam que nossa sociedade moderna é assim e imitam o raciocínio para vender produtos.

Um bom exemplo é dado por um dos ministros do Supremo Tribunal Federal (STF), Alexandre de Moraes. Ele costuma escrever em suas decisões sobre liberdade de expressão, em caixa alta sempre: "LIBERDADE DE EXPRESSÃO NÃO É LIBERDADE DE AGRESSÃO!"*. Escrever em caixa alta é entendido nas redes sociais como um grito, o que sugere que a autoridade do ministro deseja se impor, literalmente, no grito, mas, de

---

* Ver também "Moraes Cria Mantra da Liberdade de Expressão para Decisões de Censura". Participo dessa matéria, disponível em: gazetadopovo.com.br/vida-e-cidadania/moraes-cria-mantra-da-liberdade-de-expressao-para-decisoes-de-censura/. Acesso em: 22 de agosto de 2023.

qualquer forma, ao afirmar que a agressão não pertence ao rol das escolhas possíveis para a expressão, mostra o quanto a entende de forma asséptica. O boi que eu como não deve ser visto ou lembrado morto quando está em meu prato; o discurso que ouço não pode me agredir; e quando algo sai dessa bolha asséptica, para que ninguém me conteste, eu GRITO!

Curioso que o ministro Moraes tem uma contundência beligerante contra redes sociais e as entende como um perigo social, mas seu raciocínio jurídico sobre liberdade de expressão imita a lógica algorítmica das redes: o que gosto por me fazer bem é lícito, o que desgosto por me agredir é ilícito. As redes sociais deixam de distribuir o conteúdo que me agride, o ministro deixa de permitir que o conteúdo agressivo pertença ao ambiente público.

Neste nosso mundo egoísta e autocentrado, em que a esfera do privado praticamente absorveu a pública, se a liberdade de expressão der guarida apenas a discursos puramente públicos, estaremos na modernidade diante do fim da liberdade de expressão e de sua proteção constitucional, o que já seria razão suficiente para se pensar o oposto. Mas a questão é ainda outra. Afirmar que aquilo que certo parlamentar pensa ou diz não é relevante por ser discurso privado, e que a liberdade de expressão e a imunidade parlamentar não podem proteger esse tipo de discurso,* tem se tornado uma forma de silenciar políticos, favorecendo pautas contrárias a eles. Ou seja, a partir do silenciamento do discurso privado não se tem melhorado o debate público, mas silenciado opositores.

---

* "'A transfobia ultrapassa a liberdade de discurso, que é garantida pela imunidade parlamentar. Transfobia é crime no Brasil', disse a deputada Tabata Amaral (PSB-SP), que também assina a notícia-crime enviada à Corte", trecho da notícia disponível em: https://agenciabrasil.ebc.com.br/justica/noticia/2023-03/associacoes-e-deputados-recorrem-ao-stf-contra-nikolas-ferreira. Acesso em: 21 de agosto de 2023.

Além disso, no momento que atravessamos, as pautas comportamentais, como o direito ou o dever de uso da linguagem neutra, o direito ou o dever de respeitar o emprego de pronomes desejados por pessoas não binárias, são discursos de interesse privado guindados ao *status* de políticas públicas, algo recorrente em grupos identitários aliados a governos progressistas. Ou seja, se o governo faz da pauta comportamental e privada de tais grupos uma política pública, é natural que os políticos conservadores subam ao palanque para enfrentá-las.*

É absolutamente contraditório entender, por um lado, que pautas comportamentais privadas de grupos identitários podem ser tratadas como políticas públicas e, por outro lado, entender as críticas de políticos conservadores a tais pautas como desprezíveis e inviáveis de serem cobertas pela liberdade de expressão ou pela imunidade parlamentar, alegando-se tratar da defesa de opiniões privadas sobre comportamentos de terceiros. As pautas de grupos identitários não podem ser confundidas com pautas de governo ou de Estado, mas, quando assim forem tratadas, obviamente suas críticas também devem ser tratadas como de relevância ao debate público.

O debate sobre a linguagem neutra é um bom exemplo. Sabemos que a língua é um forte instrumento de poder, mas temos de reconhecer que essa pauta é tecnicamente de relevo para grupos de pessoas não binárias, pois possui a função de acolher esses grupos de modo que gozem de bem-estar íntimo. Como entender que é razoável impedir a liberdade

---

* "Jornalista É Condenada por Se Referir a Mulher Trans como 'Cara'", notícia disponível em: https://www.conjur.com.br/2023-mai-31/jornalista-condenada-referir-mulher-trans-cara. Acesso em: 21 de agosto de 2023.

de crítica de opositores quando esse tema é cooptado pela esquerda e há projetos de lei que buscam impor a linguagem neutra em escolas?* Como explicar que se trata de uma questão privada, não relevante ao debate público? Como explicar que a proposta de banheiros sem gênero é uma questão apenas privada, quando sua imposição em estabelecimentos se torna alvo de políticas públicas?** A esfera do privado está presente nestes temas, mas os efeitos públicos também. Se sua crítica não for tomada como razoável para que receba proteção constitucional da liberdade de expressão, praticaremos censura e silenciamento da oposição política.

Hoje em dia, na sociedade em que vivemos, definições restritivas de liberdade de expressão e de opinião pública serão sempre insuficientes à compreensão do mundo e servirão, decerto, à promoção de alguma espécie de silenciamento e censura. O recorte conceitual mais adequado e democrático sempre será o que confere ao tema da liberdade proteção legal capaz de lhe dar a mais ampla cobertura possível.

---

* "O que diz o MEC sobre o Debate da Linguagem Neutra nas Escolas", notícia disponível em: https://www.cartacapital.com.br/educacao/o-que-diz-o-mec-sobre-o-debate-da-linguagem-neutra-nas-escolas/. Acesso em: 21 de agosto de 2023.
** "Com Julgamento Pendente no STF, Banheiros sem Gênero Ganham Espaço", notícia disponível em: https://www.cartacapital.com.br/diversidade/com-julgamento-pendente-no-stf-banheiros-sem-genero-ganham-espaco/. Acesso em: 21 de agosto de 2023.

XXXII

AINDA ASSIM, é importante que o leitor seja capaz de refletir que nenhuma liberdade é ilimitada, por mais ampla que deva ser. E qual seria então o limite da liberdade de expressão? Muitos defendem ser a lei, o Código Penal, a Constituição, mas isso não tem nenhum significado prático; afinal, o que é a lei sem o intérprete? O intérprete dirá se a lei se aplica ao caso prático e fará dela o que bem quiser. Para basear na lei o limite da liberdade, temos de recorrer a como a lei deve ser interpretada. Esse é o ponto.

Como estabelecer a harmonização do direito fundamental à liberdade de expressão na prática? Proponho que o limite decorra da interpretação e ela se baseie no reconhecimento de que o discurso almeja a extinção do outro, ou do discurso do outro, é um limite adequado. O critério da extinção como limite possui uma razão mais lógica do que jurídica ou humanista: se a defesa de uma ideia pretende extinguir a do outro ou o outro, o debate acaba. Sem o outro, sem sua ideia, não há debate, não haverá senão uma voz única. A extinção do outro ou de sua voz é o avesso do debate, é seu fim.

Nesse cenário, o discurso contrário a valores do Estado e crítico à democracia deve ser possível e protegido pela liberdade de expressão, desde que haja a defesa de uma ideia que não proponha a extinção de nada nem de ninguém, desde que a ideia seja crítica e propositiva. Não se trata de exercício legítimo da liberdade de expressão xingar, ameaçar, sem nenhuma ideia por trás. Também não se trata de liberdade de expressão defender o nazismo ou o stalinismo, ideologias que pregavam na essência a extinção do semelhante.

Se postar nas redes sociais a seguinte mensagem: "Quero que homossexuais morram", não há expressão de uma ideia, só de um desejo criminoso. Mais um exemplo: "Sinto saudade dos nazistas." Não é legítimo esse discurso, pois não há ideia, só outro desejo criminoso. Mais um exemplo: "Entendo que, pela visão bíblica, os homossexuais pecam e estão errados. Por essa razão, devem ser mortos." Isso não é legítimo, porque na conclusão da fala há desejo de extinção do outro. No entanto: "Ser homossexual é pecado. Pela razão bíblica, acredito que estejam errados" é legítimo, houve a defesa de uma ideia, de uma opinião, sem conclusão excludente, mas propositiva.

Quero com isso mostrar que defender uma ideia, desde que essa ideia não pressuponha a extinção do outro ou do discurso do outro, é um critério suficiente para que a liberdade de expressão contemple os interesses de todos sem perder sua característica de direito fundamental, mantendo seu núcleo duro: o de suscitar o debate, por meio da conciliação ou do enfrentamento de discursos que não extingam o outro ou a ideia promovida pelo outro.

Se limitarmos, como temos feito no Brasil, a legalidade do discurso à promoção de valores democráticos, sendo democracia o que nos contam governos, juízes ou determinados grupos vinculados a governos, não haverá liberdade, e a expressão funcionará como mero instrumento de propaganda de um Estado carente de democracia real.

Um bom exemplo de decisão censória que utilizou o raciocínio errado de que a liberdade de expressão pode ser afastada em nome da democracia é a do ministro Alexandre de Moraes, no dia 13 de junho de 2023, quando ordenou uma série de restrições contra o podcaster Monark, em razão de ter julgado suas opiniões pessoais como desinformação e atentados à democracia. No fundamento da ordem, o ministro diz que, em face de algumas circunstâncias que, por mais esforço que pudesse haver, não estavam claras, nem eram relevantes, ele entendia como "imprescindível a realização de diligências, inclusive com o afastamento excepcional de garantias individuais, que não podem ser utilizadas como escudo protetivo para a prática de atividades ilícitas".*

Gosto muito da abordagem de Vidal Serrano (2001) sobre o tema, em um pequeno e excepcional livro intitulado *Publicidade Comercial: Proteção e Limites na Constituição de 1988*. Embora o autor trate na obra da liberdade comercial, dedicando-se a discutir se ela é resultado da previsão constitucional da livre-iniciativa ou da própria liberdade de expressão, ao tratar da harmonização de liberdades, o autor faz uma leitura singular que importa muito a nosso tema, afirmando que, ao haver colisão de direitos fundamentais,

> (...) o intérprete teria de chegar a uma conclusão de que o caráter absoluto de um dos direitos envolvidos aniquilaria o outro, negando vigência e eficácia a um dispositivo igualmente constitucional. (...) No entanto, caracterizada a colisão, cumpre ao exegeta conciliar os valores em confronto. Segundo esse raciocínio, a interpretação não poderá negar

---

* O registro da decisão está disponível em: https://static.poder360.com.br/2023/06/INQ-4923-955-decisao_monocratica.pdf. Acesso em: 22 de agosto de 2023.

vigência e aplicabilidade a nenhum dos direitos em conflito, pois que sempre haverá uma esfera mínima para seu exercício legítimo. (...) O sacrifício de parcela do significado semântico de um direito fundamental só pode ter a sua razão de ser depositada na necessidade de preservação de outro direito ou valor constitucional. (pp. 55-56)

No critério que proponho, "conciliar os valores em confronto" seria não censurar, ou seja, exigir sempre do intérprete que escolha alternativa menos gravosa que a censura de um conteúdo, a menos que o conteúdo pretenda a extinção do outro ou de seu discurso; nesse caso, ao não promover o debate, sua exclusão não seria censória, pois o discurso perderia seu caráter fundamental que o torna protegido pela Constituição.

O critério proposto não pretende substituir leis, tampouco engessar o intérprete, evitando que tenha de se haver com a especificidade do caso concreto. Ao contrário, pretende norteá-lo nessa tarefa, fazer com que investigue o caso concreto com a lei em uma mão e a lanterna do critério proposto na outra.

CONCLUSÃO

Dentro de qualquer escala de valores, as pessoas deveriam se importar mais com a liberdade de consciência e de expressão.* De fato, é natural o reconhecimento de que estas liberdades são fundamentais, pois constitutivas do que somos e pensamos. Existimos por elas, ou nos concebemos existindo a partir delas. Tanto que mesmo os animais, após se alimentarem e descansarem, se estabelecem no mundo na interação expressiva com os demais seres vivos. Restringir a liberdade, sobretudo as fundamentais, é uma perda de poder, de poder dizer, de poder ser, de poder estar como se deseja no mundo.

Mesmo assim, temos nos tornado insensíveis ao valor das liberdades, o que leva Dworkin a propor que, na modernidade, sejam encontrados novos valores morais para a liberdade.** Discordo do autor, creio que a liberdade já se mostrou vital. Além disso, não me agrada pensar um mundo em que a liberdade precise se justificar para existir, mas reconheço o esforço teórico.

A preocupação em ressignificar moralmente a liberdade no mundo de hoje tem por premissa reconhecer que a

---

* DWORKIN, Ronald. *A Virtude Soberana: A teoria e a prática da igualdade*. São Paulo: Martins Fontes, 2005.
** DWORKIN, Ronald. *O Direito da Liberdade: A leitura moral da Constituição norte-americana*. São Paulo: Martins Fontes, 2019.

liberdade de expressão é capaz de ferir conquistas igualitárias, sobretudo em um mundo em que a internet facultou a qualquer um se expressar sem um filtro prévio.

    Ainda que o debate político seja promovido pelos grandes e tradicionais meios de comunicação, há uma interferência desses elementos novos de modo a se poder dizer que a liberdade de expressão atualmente é capaz, sim, de trazer algum desconforto à promoção da igualdade, levando progressistas a entenderem a censura como benéfica, e nossa classe política e juízes, a espertamente perceberem que poderão obter controle político das redes sociais se surfarem nessa onda. Isto resume bem o universo em que se envolve o Inquérito das *Fake News*, como já mostramos.

    Esse tipo de empreitada, no entanto, é potencialmente censória, pois dá a entender que há um bem maior a ser preservado do que a liberdade. Não há um bem maior que a liberdade em uma democracia, apenas em uma sociedade corrompida pela desagregação, pelo esfacelamento da coletividade e descomprometida com seus valores morais de base. As premissas dessa espécie de conduta potencialmente censória são as de que a liberdade de expressão se tornou um perigo a nossa sociedade, uma ameaça às pessoas, e por isso tem de ser combatida, evitada ou preterida.* Claro, toda

---

* É interessante lembrar que toda a construção da jurisprudência da Suprema Corte norte-americana em defesa da efetividade da Primeira Emenda (aquela que assegura a liberdade de expressão e a de imprensa, além da separação entre Igreja e Estado) teve início com o julgamento, em 1917, de casos que envolviam a criminalização de ideias como o comunismo e o anarquismo. A mera advocacia de ideias foi separada de condutas que pudessem provocar algum perigo real e iminente, como linha demarcatória entre o discurso protegido pela Constituição e as manifestações proibidas. Numa escalada libertária, a Corte chegou a proteger até discursos de ódio, como no caso Brandenburg, julgado em 1969, quando manifestações da Ku Klux Klan foram consideradas protegidas pela Primeira Emenda (BINENBOJM, Gustavo. *Liberdade Igual: O que é e por que importa*. Rio de Janeiro: História Real, 2020).

essa suposta virtude será recompensada no Brasil com o aplauso de boa parte dos formadores de opinião — jornalistas, *youtubers* e artistas —, e de quebra angariará votos aos políticos e respaldo e legitimidade social de uma Corte como o STF, sedenta de poder.

O que os adeptos das restrições e controles às liberdades precisam, no entanto, entender é que, primeiro, promover a igualdade não é, em si, um valor positivo necessariamente. Vale lembrar que os regimes totalitários dão a todos os seus cidadãos direitos e poderes iguais: nenhuns. Nada mais igualitário do que dar nada e poder nenhum a todos.

A proposta de obter igualdade pelo silenciamento da expressão tenta construir pontes para um rio seco, além de lançar à sociedade a ideia de que a censura é justificável, ressignificando conceitos de forma extremamente perigosa.

Segundo, não é absolutamente viável aperfeiçoar a sério a igualdade ou aperfeiçoar as relações humanas nas redes sociais sem as liberdades fundamentais de expressão serem libertas de amarras. Quaisquer conquistas resultantes de uma liberdade ferida deixarão de ser democráticas. As liberdades de expressão precisam servir para capacitar criticamente as conquistas de novos valores morais humanos, para agregar a eles outras visões, controvertendo-os, surrando-os de argumentos contrários, para que amadureçam.

Qualquer conquista de nossa modernidade sem o contraponto propiciado pelo debate livre resultará na conquista de um valor autoritário, desvirtuado pela perversão dos que não admitem crítica.

Espero, sinceramente, que minha defesa intransigente da liberdade de expressão exposta neste livro possa servir ao leitor como motivação para que os valores que defendo sejam os valores por todos nós defendidos.

BIBLIOGRAFIA

BINENBOJM, Gustavo. *Liberdade Igual: O que é e por que importa*. Rio de Janeiro: História Real, 2020.

CANOTILHO, José Joaquim Gomes; MOREIRA, Vital. *Fundamentos da Constituição de Portugal*. Coimbra: Coimbra, 1991.

CRETELLA JÚNIOR, José. *Do Desvio de Poder*. São Paulo: Revista dos Tribunais, 1964.

DWORKIN, Ronald. *O Direito da Liberdade: A leitura moral da Constituição norte-americana*. São Paulo: Martins Fontes, 2019.

DWORKIN, Ronald. *A Virtude Soberana: A teoria e a prática da igualdade*. São Paulo: Martins Fontes, 2019.

FARIAS, Edison Pereira de. *Colisão de Direitos: a honra, a intimidade, a vida privada e a imagem versus a liberdade de expressão e informação*. Porto Alegre: Sérgio Fabris Editor, 1996.

FISS, Owen M. *A Ironia da Liberdade de Expressão*. Rio de Janeiro: Renovar, 2005.

HAN, Byung-Chul. *Sociedade do Cansaço*. Petrópolis: Editora Vozes, 2017.

NUNES JÚNIOR, Vidal Serrano. *Publicidade Comercial: Proteção e limites na Constituição de 1988*. 2ª ed. São Paulo: Editora Verbatim, 2015.

MAALOUF, Amin. *O Naufrágio das Civilizações*. São Paulo: Vestígio, 2020.

MAULTASCH, Gustavo. *Contra Toda Censura: Pequeno tratado sobre a liberdade de expressão*. São Paulo: Faro Editorial, 2022.

LEIA TAMBÉM:

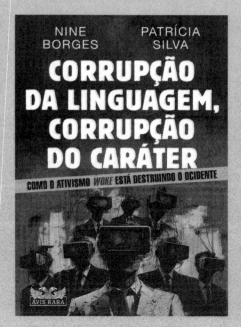

ASSINE NOSSA NEWSLETTER E RECEBA
INFORMAÇÕES DE TODOS OS LANÇAMENTOS

www.faroeditorial.com.br

CAMPANHA

Há um grande número de pessoas vivendo com HIV e hepatites virais que não se trata. Gratuito e sigiloso, fazer o teste de HIV e hepatite é mais rápido do que ler um livro.

FAÇA O TESTE. NÃO FIQUE NA DÚVIDA!

ESTA OBRA FOI IMPRESSA EM MAIO DE 2024